TRAITÉ PRATIQUE

D'INSTRUMENTATION

PAR

ERNEST GUIRAUD

Professeur de Composition au Conservatoire national
de Musique et de Déclamation

PARIS

DURAND ET SCHŒNEWERK, ÉDITEURS

4, PLACE DE LA MADELEINE, 4

1890

TRAITÉ PRATIQUE

D'INSTRUMENTATION

PAR

ERNEST GUIRAUD

Professeur de Composition au Conservatoire national
de Musique et de Déclamation

PARIS

DURAND ET SCHŒNEWERK, ÉDITEURS

4, PLACE DE LA MADELEINE, 4

—

1890

NOTE DES ÉDITEURS

Depuis quelques années l'étude de l'instrumentation s'est beaucoup généralisée, et la connaissance de cette science complexe, autrefois le privilège de quelques initiés, tend à se populariser et devient, à juste titre, le couronnement de toute éducation musicale sérieuse.

Nous croyons répondre à ce mouvement d'étude très caractérisé, en faisant paraître le *Traité Pratique d'Instrumentation* de M. Ernest Guiraud, l'éminent professeur de composition au Conservatoire de Paris.

La clarté et la concision du style, la grande quantité d'exemples empruntés tant aux maîtres anciens qu'aux maîtres modernes, et aussi l'adoption d'un format pratique, donnent tout lieu d'espérer que cet ouvrage répondra pleinement au but en vue duquel il a été conçu.

Nous sommes heureux d'adresser ici nos remerciements à nos confrères : MM. Breitkopf et Härtel, Choudens fils, Léon Grus, G. Hartmann et Cⁱᵉ, Henri Heugel, Lemoine et fils, Ph. Maquet et Cⁱᵉ, Novello Ewer et Cⁱᵉ, Richault et Cⁱᵉ, G. Ricordi et Cⁱᵉ, les fils de B. Schott, qui ont bien voulu nous donner les autorisations nécessaires pour faire figurer au cours de ce traité différents fragments d'œuvres modernes dont ils ont la propriété.

DURAND et SCHŒNEWERK.

a

TABLE DES MATIÈRES

AVANT-PROPOS

PREMIÈRE PARTIE

CHAPITRE I

INSTRUMENTS A CORDES ET A ARCHET

		Pages.
I.	— Le Violon.	1
II.	— L'Alto.	9
III.	— Le Violoncelle.	10
IV.	— La Contrebasse	12

CHAPITRE II

INSTRUMENTS A VENT EN BOIS

I.	— La Flûte.	14
II.	— La petite Flûte	15
III.	— Le Hautbois.	16
IV.	— Le Cor anglais.	17
V.	— La Clarinette	19
VI.	— La Clarinette-basse	27
VII.	— Le Basson.	29
VIII.	— Le Contrebasson.	30

CHAPITRE III

INSTRUMENTS A VENT EN CUIVRE

		Pages.
I.	— Le Cor	31
II.	— Le Cor à Pistons ou Cor chromatique	35
III.	— La Trompette	38
IV.	— La Trompette à Pistons ou Trompette chromatique	40
V.	— Le Cornet à Pistons	42
VI.	— Le Trombone	43
VII.	— L'Ophicléide-basse	44
VIII.	— Le Tuba et le Saxhorn-basse	45

CHAPITRE IV

INSTRUMENTS A PERCUSSION

I. — Les Timbales	46
II. — Instruments à percussion et à sons indéterminés	48

CHAPITRE V

La Harpe	49

DEUXIÈME PARTIE

Introduction	51

CHAPITRE I

Groupe des Instruments à Cordes et à Archet	53

CHAPITRE II

Groupe des Instruments à Vent en Bois	72

CHAPITRE III

Pages.

Réunion des deux Groupes : Cordes et Bois.   86

CHAPITRE IV

Groupe des Instruments à Vent en Cuivre   109

CHAPITRE V

Réunion des Cuivres aux Groupes des Cordes et des Bois.   115

CHAPITRE VI

Groupe des Instruments à Percussion.   128

CHAPITRE VII

Emploi de la Harpe à l'Orchestre   130

CHAPITRE VIII

L'Orchestre en général   138

CHAPITRE IX

De la Façon de disposer l'Orchestre d'après une Partie de Piano. .   172

———

Appendice   191
Table des Exemples.   209

———

AVANT-PROPOS

Nous nous sommes proposé, en écrivant ce traité, de condenser dans un petit volume les notions les plus importantes de l'art d'orchestrer et de conduire graduellement les élèves et les amateurs qui voudraient parfaire leur éducation, à lire avec plus de profit encore les travaux de nos éminents devanciers.

Nous avons divisé cet ouvrage en deux parties. La première donne l'étendue, les ressources et le caractère de chacun des instruments dont est composé l'orchestre. Dans la seconde, nous avons groupé les instruments de même famille, et nous arrivons successivement à la réunion de ces divers éléments dans la masse instrumentale, telle qu'elle est organisée de nos jours.

Nous avons traité principalement des instruments qui font partie de la composition de l'orchestre d'une façon permanente, intégrante, et qui en forment pour ainsi dire les cadres. Quant aux instruments qui n'y figurent qu'à titre exceptionnel et qui nécessitent la présence d'instrumentistes spéciaux engagés *ad hoc,* on saura toujours les employer le cas échéant, lorsqu'on aura acquis une connaissance suffisante des moyens d'orchestration généralement usités.

E. G.

TRAITÉ PRATIQUE

D'INSTRUMENTATION

PREMIÈRE PARTIE

CHAPITRE PREMIER

INSTRUMENTS A CORDES ET A ARCHET

I

Le Violon

Le violon s'écrit sur la clef de *sol*.

Ses quatre cordes sont accordées ainsi, de quinte en quinte :

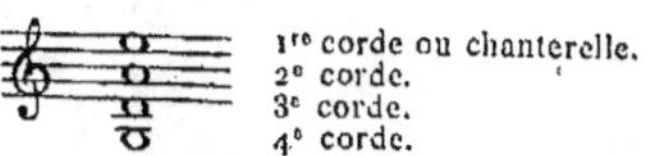

Les cordes sont dites *à vide* lorsqu'on les fait résonner dans toute leur longueur, sans les toucher avec les doigts de la main gauche.

Le terme de « corde à vide » s'applique également, dans les mêmes conditions, à l'alto, au violoncelle et à la contrebasse.

La note la plus grave du violon est invariablement le *sol* de la 4e corde, mais à l'aigu, son étendue varie selon le plus ou moins d'habileté des exécutants. En raison de la virtuosité que possèdent aujourd'hui les *premiers violons* dans nos bons orchestres, on peut donner à la partie de violon l'étendue suivante :

de 

avec tous les degrés chromatiques et diatoniques intermédiaires.

Dans les partitions modernes, quelques auteurs ont fait monter exceptionnellement les premiers violons jusqu'au *mi*.

Mais des notes aussi élevées sont quelquefois dangereuses au point de vue de la justesse. On ne peut les employer que dans des passages dont le doigté est facile, les intervalles rapprochés et le mouvement modéré.

Les parties de violon ont une si grande importance à l'orchestre, que nous croyons utile de donner ici quelques notions élémentaires sur le doigté de cet instrument.

On remarquera tout d'abord que le pouce de la main gauche n'étant jamais employé, l'index est compté comme 1ᵉʳ doigt, le médius comme 2ᵉ, l'annulaire comme 3ᵉ et le petit doigt comme 4ᵉ. La corde à vide, n'étant pas doigtée, est désignée par un *o*.

En suivant l'ordre des doigts sur les quatre cordes, on parcourra l'échelle suivante :

Ce doigté est celui de la *première position*. Mais, pour obtenir sur chacune des cordes des sons plus élevés, il faudra prendre un autre doigté et changer la position; c'est ce que les violonistes appellent *démancher*.

A la deuxième position, on mettra le 1ᵉʳ doigt sur le *si* de la 4ᵉ corde et l'on suivra l'ordre des doigts.

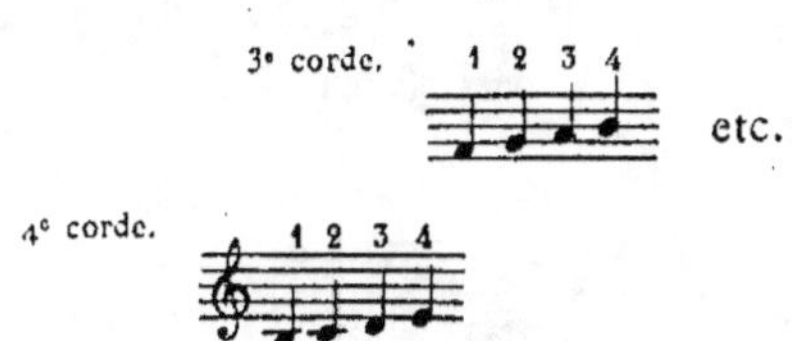

Cette position conduit jusqu'à l'*ut* de la chanterelle.

La 3ᵉ position s'étend

de 

La 4ᵉ position s'étend

de 

La 5ᵉ position s'étend

de 

La 6ᵉ position s'étend

de 

Et la 7ᵉ position s'étend

de 

On fera bien de ne pas dépasser cette dernière note avant de s'être familiarisé avec les ressources et aussi avec les difficultés de l'instrument.

Les notes diésées ou bémolisées se font avec le même doigt que la même note sans accident.

Le trille, les notes répétées, le trémolo sur une note

ou sur deux

les arpèges, les gammes diatoniques se font très facilement dans toute l'étendue du violon. Les gammes chromatiques sont d'une exécution un peu plus difficile ; lorsqu'elles sont très rapides, les violonistes les exécutent en glissant le même doigt.

Les deux principaux mouvements de l'archet sont le *tiré* et le *poussé*.

Le *coulé* indique que les notes doivent être liées entre elles par le même coup d'archet. L'absence du coulé signifie que chaque note doit recevoir alternativement un tiré et un poussé.

L'indication exacte des notes coulées et de celles qui ne doivent pas l'être présente d'ailleurs, tant aux instruments à archet qu'aux instruments à vent, de certaines difficultés aux compositeurs qui ne jouent d'aucun de ces instruments. Ce n'est que par l'observation qu'on arrivera à choisir avec sûreté les meilleures accentuations.

Il est important, dans les passages rapides, d'éviter les intervalles par trop éloignés, à moins que ces intervalles ne puissent se faire au moyen d'une ou de plusieurs cordes à vide, comme dans le passage suivant :

Prestissimo.

(BEETHOVEN, 9ᵉ *symphonie*.)

L'archet n'est pas le seul moyen employé pour la production du son sur les instruments dits à archet ; parfois on obtient la note en pinçant la corde du bout d'un des doigts de la main droite. Cet effet est connu sous le nom italien de *pizzicato*, que l'on écrit par abréviation *pizz.* L'indication du pizzicato une fois mise s'étend à tout ce qui la suit, jusqu'à ce que l'on ait rencontré le mot *arco* que les compositeurs ne doivent pas négliger d'écrire lorsqu'ils veulent faire reprendre l'archet.

Il faut avoir soin de ne pas employer le pizzicato dans des passages trop rapides ; il deviendrait alors inexécutable.

Quoique praticable dans toute l'étendue de l'instrument, le pizzicato devient de plus en plus sec et désagréable à mesure qu'il monte au-dessus du *ré* :

Le passage suivant offre un exemple de petites notes liées, quoique produites par le pizzicato :

On peut passer alternativement de l'archet au pizzicato et *vice versa*, à la condition que ces changements n'aient pas lieu au milieu de notes trop rapides : les indications des deux passages suivants ne sont donc pas réalisables.

Dans le premier passage, il faudra supprimer le pizzicato à la deuxième mesure, ou bien écrire ainsi la première :

Dans le second passage, on sera forcé de choisir l'un des deux moyens d'exécution, à l'exclusion de l'autre.

Présentées comme ci-après, les alternances d'archet et de pizzicato n'offrent pas de difficultés dans un mouvement modéré :

La sonorité ordinaire du violon peut encore être modifiée par la *sourdine*, petit appareil généralement en bois qu'on applique sur le chevalet. L'effet de la sourdine étant d'affaiblir et d'adoucir les sons de l'instrument, elle ne convient guère qu'au pianissimo.

L'emploi de la sourdine doit être indiqué par les mots : *avec sourdines* ou *con sordini*. Pour la faire retirer, on écrira : *sans sourdines* ou *senza sordini*.

Lorsque la sourdine devra être mise dans le courant d'un morceau, il sera indispensable de laisser aux exécutants le temps matériel de l'adapter. Deux ou trois mesures de silence dans un quatre temps modéré, ou bien un long point d'orgue suffiront. Le temps nécessaire pour la retirer est beaucoup moins long.

L'étendue du violon que nous avons donnée page 2, peut être encore prolongée à l'aigu par ce qu'on appelle les *sons harmoniques*. Ces sons, dont le timbre est sensiblement différent de celui des sons ordinaires, sont obtenus en effleurant la corde, au lieu de la presser avec le doigt. Ce genre d'effet est rarement employé à l'orchestre. Il exige beaucoup d'habileté chez les exécutants, et chez le compositeur une grande connaissance de l'instrument.

La façon la plus simple d'indiquer les sons harmoniques est de surmonter la note d'un *o :*

Nous ne nous sommes occupé jusqu'ici que des sons successifs ; le violon peut aussi faire entendre à la fois, selon le nombre des cordes touchées, deux, trois et quatre sons, dans les conditions que nous allons indiquer.

Chacun des sons frappés ensemble ne peut être produit que sur des cordes différentes, d'où les dénominations de doubles, triples et quadruples cordes.

Les intervalles dont la note supérieure est au-dessous du *ré* de la 3e corde

etc.

sont donc impraticables, puisque chacune de leurs deux notes ne peut être faite que sur une seule corde, la 4e.

Les secondes, mineures, majeures et augmentées, sont faisables depuis

jusqu'à

Les tierces, mineures et majeures, sont faciles pour la plupart depuis

jusqu'à

Les quartes, diminuées justes et augmentées, sont faisables depuis

jusqu'à

Les quintes, diminuées justes et augmentées, sont faisables depuis

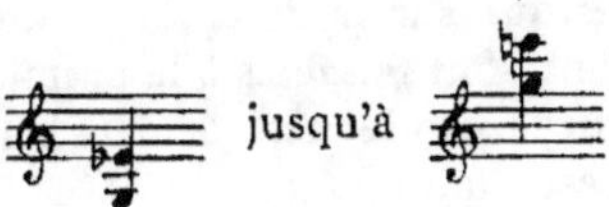

jusqu'à

Les quintes, diminuées et augmentées, sont plus difficiles que les quintes justes.

Les sixtes, mineures et majeures, sont faciles depuis

jusqu'à

Les septièmes, diminuées mineures et majeures, sont faisables depuis

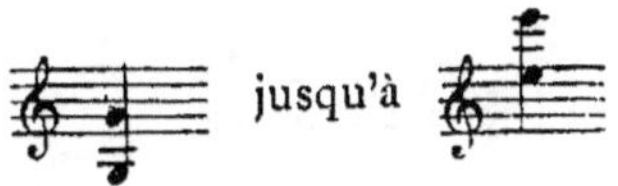

jusqu'à

Les octaves, un peu plus difficiles pour la plupart, sont faisables depuis

jusqu'à

Exceptons toutefois les quatre suivantes

qui, à cause de leur difficulté, ne sont pas usitées à l'orchestre.

On ne dépasse jamais avec les doubles cordes la limite de l'octave, si ce n'est dans le cas où la plus grave des deux notes est donnée par une corde à vide, par exemple :

Quoique toutes les doubles cordes que nous venons d'énumérer soient faisables dans les limites que nous avons indiquées, il est très préférable de s'en tenir pour l'orchestre aux intervalles dont les deux notes peuvent se doigter à la première position, c'est-à-dire sans démancher.

En étudiant avec soin le tableau du doigté que nous avons donné page 2, on se rendra mieux compte de la difficulté de certains intervalles. Les tierces suivantes par exemple,

ne seraient possibles que sur la 3ᵉ et la 4ᵉ corde; or on verra que ni le *fa* ni le *mi* ne sont faisables à la première position sur la 4ᵉ corde, et qu'il faut par conséquent démancher pour les doigter. La même remarque est à faire pour

sur la 2ᵉ et la 3ᵉ corde.

Les accords de trois notes sont nombreux.

Les plus faciles, après ceux qui contiennent des notes à vide, sont ceux dont les trois notes forment entre elles un intervalle de quinte et un intervalle de sixte :

ou deux intervalles de sixte :

etc.

Toutes les triples cordes ainsi composées sont d'un excellent effet depuis

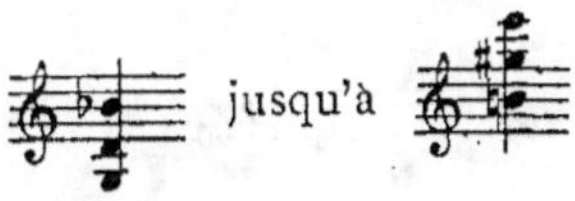

jusqu'à

La même disposition des intervalles s'applique aussi aux accords de quatre cordes (quadruples cordes), que l'on peut écrire depuis

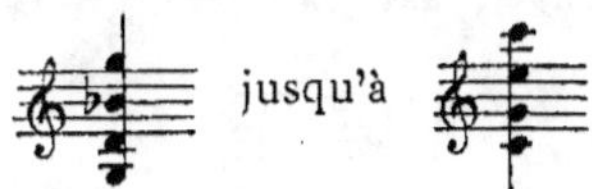

jusqu'à

Les triples et quadruples cordes ne peuvent être utilisées que dans le *forte*. Elles ne sont possibles dans le *piano* que par le pizzicato. Dans aucun cas, il ne faut les faire se succéder avec rapidité.

Lorsque, en écrivant des triples et des quadruples cordes, on leur donne des valeurs longues, les deux notes supérieures, au plus, peuvent être tenues. On indique souvent ainsi ces accords :

selon que l'on veut avoir une ou deux notes tenues.

De tous les instruments de l'orchestre, le violon est le plus riche par la variété de ses sonorités et de ses facultés expressives Les emportements de la passion, la grâce, la tendresse, la tristesse, la gaîté, la légèreté, les accents tragiques ou aimables, enfin tous les sentiments, trouvent en lui un interprète musical incomparable.

II

L'Alto

L'alto s'écrit sur la clef d'*ut* 3e ligne et quelquefois sur la clef de *sol* pour les sons élevés seulement.

Ses quatre cordes sont ainsi accordées, de quinte en quinte :

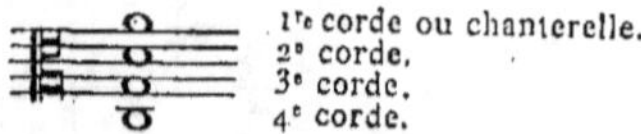

Cet instrument est semblable au violon, mais une quinte plus bas. Quoique l'étendue de l'alto puisse être

de 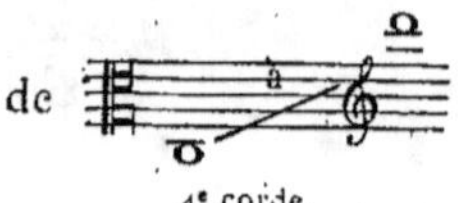

avec tous les degrés chromatiques et diatoniques intermédiaires, il est prudent de ne pas dépasser à l'orchestre la limite aiguë de

Tout ce que nous avons dit du mécanisme et des moyens d'exécution du violon est applicable à l'alto, en tenant compte de la différence de quinte entre les deux instruments. Nous ferons remarquer toutefois que l'alto a moins de brillant et de légèreté que le violon. Sa sonorité voilée, un peu mélancolique, convient à l'expression des sentiments de tristesse, de tendresse et d'angoisse.

Dans sa partition d'*Harold en Italie*, Berlioz a confié une partie très importante à un alto solo.

III

Le Violoncelle

Le violoncelle s'écrit sur la clef de *fa* et sur la clef d'*ut* 4e ligne. On se sert quelquefois aussi de la clef de *sol* pour les notes du registre suraigu.

Les quatre cordes du violoncelle sont ainsi accordées, de quinte en quinte :

Cet accord est le même que celui de l'alto, à l'octave inférieure.

L'étendue du violoncelle est de 

avec tous les degrés chromatiques et diatoniques intermédiaires.

Cette étendue peut encore se prolonger chromatiquement à l'aigu d'une octave entière, au moyen des sons harmoniques; mais ces sons ne peuvent guère être employés que dans un solo et avec des valeurs lentes.

La grande étendue du violoncelle a été utilisée presque en entier au début de l'ouverture de *Guillaume Tell* :

et plus loin

Tout ce que nous avons dit, à propos du violon, des cordes à vide, des coups d'archet, des trilles, du trémolo, du pizzicato, de la sourdine, des sons harmoniques, s'applique également au violoncelle.

L'emploi des doubles, des triples et des quadruples cordes est beaucoup moins fréquent et aussi moins utile dans les parties de violoncelle que dans la partie de violon et d'alto.

En plus des doubles cordes dont l'une est à vide soit au grave, soit à l'aigu, on peut encore écrire des quintes justes, des sixtes mineures ou majeures, des septièmes diminuées ou mineures jusqu'à

pour la plus élevée des deux notes.

Les septièmes majeures et les octaves qui n'ont pas pour note grave une des trois dernières cordes à vide

sont à éviter.

La composition des triples cordes est la même que celle indiquée pour le violon. Les trois notes doivent se trouver entre elles en rapport de quinte et de sixte, ou de sixte seulement. Il est prudent de ne pas écrire ces accords plus haut que

Les quadruples cordes sont peu usitées à l'orchestre. Si l'on tient à en employer, il faudra se borner à celles qui contiennent au moins une corde à vide, comme les suivantes :

Le rôle des violoncelles à l'orchestre est très varié. Tantôt ils font la basse de l'harmonie, tantôt une partie intermédiaire ou un dessin important d'accompagnement ; souvent aussi la phrase mélodique leur est confiée.

Le timbre des deux cordes supérieures est un des plus expressifs et des plus pénétrants qu'il y ait à l'orchestre ; il convient admirablement aux passages d'un caractère pathétique, tendre ou religieux.

Lorsque les maîtres classiques, jusqu'à et y compris Beethoven, se servaient de la clef de *sol* pour le violoncelle, ils écrivaient les notes tantôt au diapason réel, tantôt à leur octave supérieure. Le plus souvent chez eux, la clef de *sol* n'avait sa hauteur réelle que lorsqu'elle venait après un passage écrit en clef d'*ut* 4ᵉ ligne ; quand au contraire elle succédait à la clef de *fa,* il était convenu d'exécuter les notes de la clef de *sol* une octave au-dessous de leur écriture.

Cet usage, que rien ne paraît justifier, et auquel les compositeurs ne se conformaient même pas toujours, amène dans l'exécution de leurs œuvres de fréquentes erreurs.

Quoique les compositeurs modernes aient pris l'habitude d'écrire exactement les notes telles qu'ils les veulent entendre, nous conseillons, pour éviter toute équivoque d'interprétation, de n'employer la clef de *sol* qu'après l'avoir fait précéder de la clef d'*ut* 4ᵉ ligne.

IV

La Contrebasse

La contrebasse s'écrit sur la clef de *fa.*

Les instruments dont on se sert aujourd'hui dans tous les bons orchestres sont à quatre cordes, accordées ainsi de quarte en quarte :

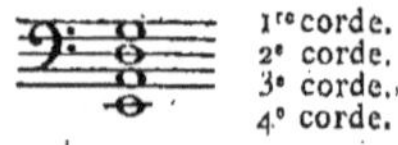

Disons une fois pour toutes que les sons de la contrebasse se produisent à l'octave inférieure des notes écrites.

Les cordes à vide ci-dessus feront donc entendre réellement :

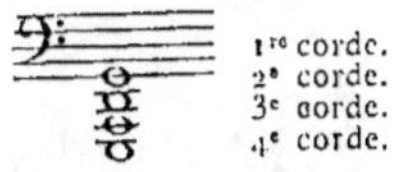

Il est essentiel de tenir compte de cette convention d'écriture dans les rapports des contrebasses avec les autres instruments. Si l'on voulait, par exemple, obtenir l'effet suivant entre les violoncelles et les contrebasses

il faudrait nécessairement l'écrire ainsi :

L'étendue de la contrebasse est

de 

avec tous les degrés chromatiques et diatoniques intermédiaires.

Quoique à l'orchestre la fonction principale de cet instrument soit de faire et le plus souvent de redoubler les basses des harmonies, on peut néanmoins lui confier des passages liés ou détachés, d'une certaine difficulté et d'une rapidité relative.

Le trémolo et surtout le pizzicato sont fréquemment employés. Le premier ne devra pas être trop prolongé, ni le second trop rapide.

Les sourdines ont peu d'action sur les grosses cordes de la contrebasse. Aussi sont-elles rarement indiquées, et la plupart des exécutants n'en possèdent même pas.

Les doubles, et à plus forte raison les triples et quadruples cordes, très difficiles à obtenir, ne sont pas usitées.

Verdi, dans *Otello*, a écrit pour les contrebasses seules un passage très important.

CHAPITRE II

INSTRUMENTS A VENT EN BOIS

I

La Flûte

La flûte, qu'on appelle quelquefois grande flûte par opposition à la petite flûte, s'écrit sur la clef de *sol*.

Son étendue comprend trois octaves complètes,

de 

avec tous les degrés chromatiques et diatoniques intermédiaires.

Les deux derniers sons à l'aigu, *si* et *ut*, ne peuvent être employés *piano*, à cause de leur sonorité dure et stridente.

Les passages rapides, diatoniques ou chromatiques, liés ou détachés, les intervalles rapprochés ou très éloignés, les notes répétées, les trilles peuvent s'exécuter facilement sur la flûte, le plus agile de tous les instruments à vent, et le plus propre à la virtuosité.

On devra néanmoins s'abstenir d'écrire les trilles suivants :

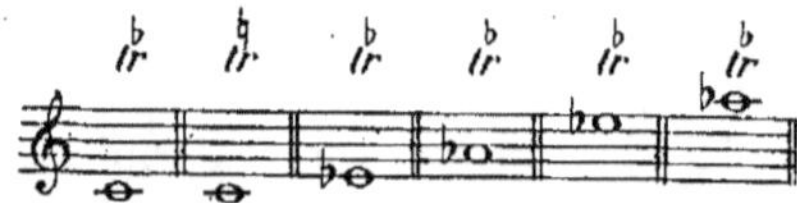

Le timbre doux, poétique, mystérieux, quelquefois même élégiaque de la flûte, et son caractère riant et pastoral ont tour à tour heureusement inspiré les grands maîtres.

II

La petite Flûte

La petite flûte, qu'on désigne souvent par son nom italien *Piccolo*, s'écrit sur la clef de *sol*

de 

Cet instrument a le même mécanisme, le même doigté, presque la même étendue que la grande flûte, avec cette différence qu'il transpose à l'octave supérieure la note écrite.

Le passage suivant :

produira comme effet

L'étendue de la petite flûte que nous venons de donner avec les notes qu'il faut écrire, se trouve donc être en sons réels

de 

avec tous les degrés chromatiques et diatoniques intermédiaires.

Les deux derniers sons aigus, *si* ♭ et *si* ♮, sont non seulement difficiles à obtenir, mais encore d'une sonorité extrêmement dure. Les premiers sons graves sont au contraire ternes et faibles. On gagnera toujours à les remplacer à l'orchestre par la deuxième octave de la grande flûte.

Les sons de la petite flûte, aigus et perçants, n'ont pas les qualités de douceur poétique que nous avons signalées dans la grande flûte. Employé mal à propos, cet instrument donnerait facilement un caractère vulgaire à l'orchestration.

III

Le Hautbois

Le hautbois s'écrit sur la clef de *sol*.
Son étendue est

de 

avec tous les degrés chromatiques et diatoniques intermédiaires.

Les deux derniers sons à l'aigu, *mi* et *fa*, ne devront être employés qu'avec beaucoup de réserve.

Quelques hautbois possèdent le *si* ♭ grave

mais cette note, que Mendelssohn a écrite dans l'*intermezzo* du *Songe d'une nuit d'été*, n'est pas générale à tous les instruments.

Les meilleures notes de l'instrument sont

de 

Le hautbois est avant tout un instrument mélodique. Quoique les traits rapides, qu'on rencontre fréquemment dans les morceaux de virtuosité écrits pour cet instrument, soient d'une exécution plus ou moins facile, ils conviennent peu à son caractère.

Les trilles peuvent se faire

de 

Ceux qui sont composés de deux notes diésées ou bémolisées sont cependant difficiles; les suivants sont même inexécutables :

Le timbre clair et mordant du hautbois semble tout d'abord destiner cet instrument aux seuls effets de musique champêtre : imitation de musette, gaieté rustique, tendresse pastorale, etc. Mais ce n'est là que le côté superficiel de ses facultés expressives. Le hautbois rend admirablement les sentiments de douleur profonde, les plaintes et les angoisses tragiques.

IV

Le Cor anglais

Le cor anglais s'écrit sur la clef de *sol*.

Son étendue, son doigté, son mécanisme sont les mêmes que ceux du hautbois; aussi cet instrument est-il toujours joué par un hautboïste. Mais ses dimensions sont plus grandes que celles du hautbois, et par ce fait, toutes ses notes se trouvent baissées d'une quinte juste, c'est-à-dire que l'*ut* du hautbois

exécuté de la même manière sur un cor anglais, donnera le son réel de *fa*

exactement comme si l'on déplaçait le clavier d'un piano de façon que les touches ne correspondent plus aux mêmes notes, et que les touches servant à faire

fassent entendre véritablement :

Le passage suivant, ainsi noté

sera donc reproduit par le cor anglais avec les sons réels :

On comprendra alors l'obligation qui s'impose au compositeur d'écrire le cor anglais une quinte juste plus haut que la note qu'il veut entendre, puisque cet instrument abaisse naturellement du même intervalle toutes les notes qu'il fait.

Cette transposition de notes amène forcément pour l'écriture une autre tonalité, et par conséquent une différence dans l'armature de la clef. On remarquera, dans les exemples ci-dessus, que ce qui est écrit en *ut* est réellement reproduit en *fa*.

Le principe qu'il importe de retenir à cet égard est celui-ci : dans les tonalités avec des dièses, le cor anglais prendra à la clef un dièse de plus que le hautbois ou tout autre instrument non transpositeur ; dans les tonalités avec des bémols, il prendra un bémol de moins. Si l'orchestre est en *ut* majeur ou en *la* mineur, le cor anglais prendra un dièse à la clef, et jouera en *sol* majeur ou en *mi* mineur ce que l'oreille entendra une quinte plus bas.

L'étendue, en notes écrites

de   

donne en sons réels

de   

avec tous les degrés chromatiques et diatoniques intermédiaires.

Le timbre voilé, discret et mélancolique du cor anglais rend cet instrument encore plus impropre à la virtuosité, que le hautbois.

Schumann a écrit dans *Manfred* un long et important solo de cor anglais sans accompagnement.

V

La Clarinette

La clarinette s'écrit sur la clef de *sol*.
Son étendue est

de 

avec tous les degrés chromatiques et diatoniques intermédiaires.
On peut encore obtenir à l'aigu :

mais ces notes deviennent de plus en plus difficiles à mesure qu'elles sont plus élevées.

Trois différents modèles de clarinettes ont été adoptés à l'orchestre. On les a appelés : clarinette en *ut*, clarinette en *si* ♭, et clarinette en *la*.

La clarinette en *ut*, la plus ancienne, est la seule sur laquelle il y ait concordance entre les notes écrites et les sons entendus. Elle est l'instrument type d'après lequel les autres modèles ont été construits. Avec les clarinettes dites en *si* ♭ et en *la*, on a obtenu des sonorités différentes entre chacune d'elles, et très préférables à la sonorité de la clarinette en *ut*. Mais une légère différence de dimension, appliquée à un mécanisme qui était resté le même, a baissé tous les sons de ces instruments d'un ton (seconde majeure) sur la clarinette en *si* ♭, et d'un ton et demi (tierce mineure) sur la clarinette en *la* ; de sorte qu'un *ut*

exécuté sur ces instruments, devient pour l'oreille un *si* ♭

ou un *la*

comparativement au diapason ordinaire de l'orchestre.

Le même rapport d'intervalle entre l'*ut* de ces instruments et le son réel qu'il fait entendre se reproduisant à chaque degré et dans toute l'étendue des mêmes instruments, il s'ensuit que si l'*ut* de ces clarinettes fait entendre le son réel de *si* ♭ ou de *la*, la gamme du même *ut* fera entendre réellement la gamme de *si* ♭ ou la gamme de *la*.

En conséquence, si l'on exécute cette gamme :

elle sera entendue ainsi sur la clarinette en *si* ♭ :

et ainsi sur la clarinette en *la* :

De là viennent les dénominations d'instruments en *si* ♭, en *la*, et toutes celles de même nature que nous rencontrerons plus loin. Elles se rapportent au ton *d'ut*, qu'on prend toujours comme ton typique, comme point fixe de comparaison, pour établir la relation des différents diapasons entre eux, et calculer la distance qui les sépare.

On comprendra que, pour ramener les clarinettes en *si* ♭ et en *la* au diapason ordinaire de l'orchestre en leur conservant le doigté de l'instrument primitif et aussi la relation de ce doigté avec les notes, il ait été nécessaire de corriger par l'écriture la discordance qui résulterait d'instruments jouant à des diapasons différents, comme on vient de le voir.

Il a donc fallu élever la notation de ces instruments du même intervalle que celui dont ils se trouvent baissés par rapport au diapason ordinaire, c'est-à-dire que :

La clarinette en *si* ♭, étant trop basse d'un ton puisque son *ut* devient pour l'oreille un *si* ♭, il a fallu pour cette clarinette, écrire les notes *un ton au-dessus* de celles qu'on veut entendre réellement.

La clarinette en *la*, étant trop basse d'une tierce mineure (un ton et demi) puisque son *ut* devient pour l'oreille un *la*, il a fallu, pour cette clarinette, écrire les notes *une tierce mineure au-dessus* de celles qu'on veut entendre réellement.

Donc, si l'on veut faire entendre sur ces deux derniers instruments les notes suivantes :

il faudra, avec la clarinette en *si* ♭, les écrire ainsi : (un ton plus haut)

et ainsi (une tierce mineure plus haut) avec la clarinette en *la*

Comme on peut le voir en comparant entre eux ces trois derniers exemples, et aussi par les trois gammes qui les ont précédés, les différences qui existent entre l'écriture et l'audition ne se bornent pas au nom des notes. Elles s'étendent encore à la tonalité, et amènent par conséquent une autre armature à la clef. Il est clair qu'en remontant d'un ton, par exemple, toutes les notes de la gamme d'*ut* majeur, on aura écrit la gamme de *ré* majeur. Alors les deux dièses de cette dernière tonalité s'imposeront à la clef.

(1) On remarquera dans ces deux derniers exemples que la clarinette en *si* ♭ exécute un passage écrit dans le ton de *la* et que le même passage doit être écrit en *si* ♭ pour la clarinette en *la*. On voit donc que les dénominations de clarinettes en *si* ♭ et en *la* ne s'appliquent pas à l'armature.

De tout ce qui précède il résulte que :

Avec la clarinette en *si* ♭, si l'orchestre est écrit en *ut*, on devra écrire cette clarinette en *ré*, un ton plus haut que l'orchestre. Si l'orchestre est écrit en *fa* mineur, on devra écrire cette clarinette en *sol* mineur, un ton plus haut que l'orchestre. Et ainsi de suite pour toutes les tonalités, puisque cet instrument est, par sa nature, trop bas d'un ton, et qu'il est nécessaire de hausser son écriture du même intervalle pour le mettre à l'unisson des autres instruments.

Avec la clarinette en *la*, si l'orchestre est écrit en *ut*, on devra écrire cette clarinette en *mi* ♭, une tierce mineure plus haut que l'orchestre. Si l'orchestre est écrit en *ut* dièse mineur, on devra écrire cette clarinette en *mi* mineur, une tierce mineure plus haut que l'orchestre, et ainsi de suite pour toutes les tonalités, puisque cet instrument est par sa nature trop bas d'une tierce mineure, et qu'il est nécessaire de hausser son écriture du même intervalle, pour le mettre à l'unisson des autres instruments.

Dans le tableau comparatif en regard, la clarinette en *ut* indique les tons majeurs, leurs armatures et leurs gammes au diapason de l'orchestre, c'est-à-dire avec l'effet réel; nous mettons à côté les tons majeurs, leurs armatures et les gammes qui leur correspondent ou plutôt qui doivent leur être substitués dans l'écriture des clarinettes en *si* ♭ et en *la*.

En étudiant ce tableau, on s'apercevra que la différence des accidents reste toujours la même entre l'armature des clarinettes en *si* ♭ et en *la* d'une part, et d'autre part, l'armature de la clarinette en *ut*, conforme à celle de l'orchestre.

Avec la clarinette en *si* ♭, cette différence dans l'armature est de deux accidents : deux bémols *en moins* dans les tonalités où l'orchestre joue avec plusieurs bémols et deux dièses *en plus* dans les tonalités où l'orchestre ne prend pas d'accident, ou bien prend des dièses.

Lorsque l'orchestre joue avec un seul bémol à la clef, on a vu qu'il fallait mettre un dièse (le *fa* ♯) à l'armature de la clarinette en *si* ♭. Le *fa* dièse sert à détruire le *mi* bémol que donne naturellement cette clarinette, et la différence des deux accidents avec le ton de l'orchestre consiste ici en un dièse en plus et un bémol en moins. Enfin, lorsque l'orchestre joue sans aucun accident à la clef, deux dièses seront nécessaires à la clef de la clarinette en *si* ♭ pour détruire les deux bémols que fait naturellement cette dernière.

En ce qui concerne la clarinette en *la*, on a vu que son armature

TABLEAU

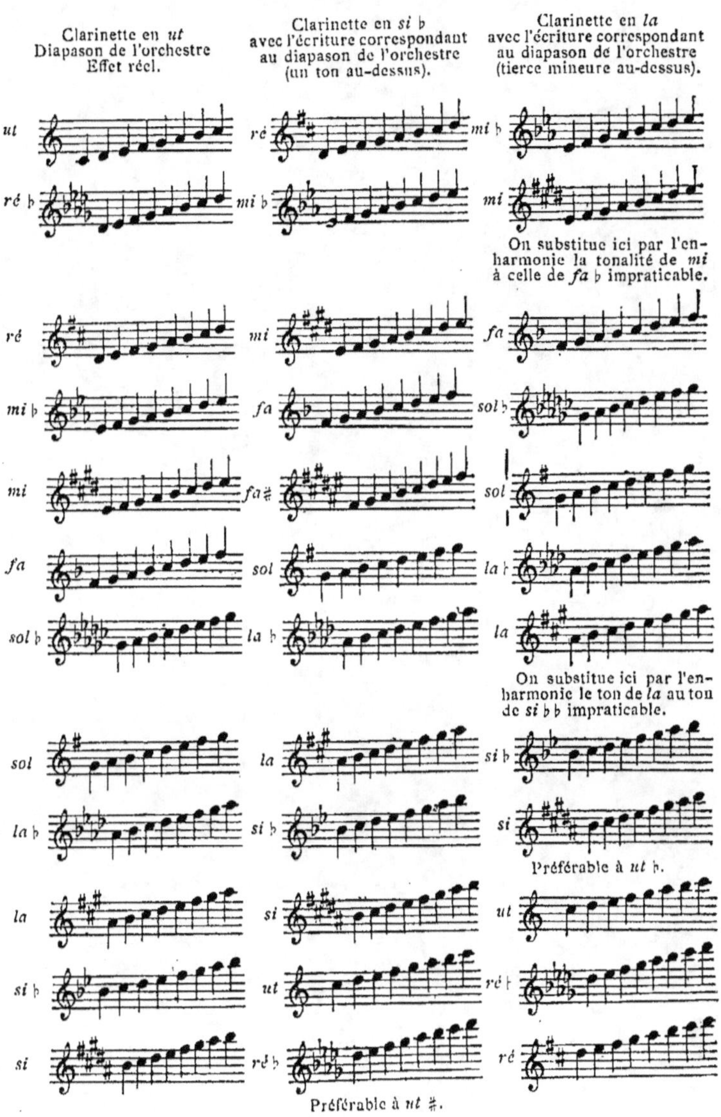

Les relations de tons et d'armatures étant évidemment les mêmes pour les gammes
mineures, nous croyons inutile d'en donner un tableau comparatif.

différait toujours de trois accidents avec celle de l'orchestre. Dans les tons où l'orchestre ne prend aucun accident, il faut mettre trois bémols à l'armature de la clarinette. Dans les tons où l'orchestre prend un ou plusieurs bémols, il faut mettre à l'armature de la clarinette trois bémols de plus qu'il n'y en a à l'orchestre. Dans les tons où l'orchestre prend plus de trois dièses, il faut mettre à l'armature de la clarinette trois dièses de moins qu'il n'y en a à l'orchestre, et ne mettre aucun accident à cette armature lorsque celle de l'orchestre est de trois dièses. Enfin, dans les tons où l'orchestre prend deux dièses à la clef, l'armature de la clarinette consistera en un bémol et en deux bémols si l'armature de l'orchestre ne prend qu'un seul dièse.

Dans ces deux derniers cas, la différence de trois accidents avec l'armature de l'orchestre subsiste dans les bémols en plus et les dièses en moins.

Il va sans dire que dans les différences d'armature auxquelles donnent lieu les clarinettes en *si* ♭ et en *la*, les accidents de celles-ci doivent toujours être disposés dans l'ordre ordinaire, c'est-à-dire pour les dièses

et pour les bémols

Il nous faut maintenant parler des accidents qui, en dehors de ceux qu'on met à la clef, sont si souvent employés dans le courant d'un morceau.

Sur la clarinette en *si* ♭, les signes accidentels changent de forme seulement devant deux des notes écrites, *ut* et *fa*, s'il s'agit pour elles d'une altération ascendante ou descendante. On a vu que pour obtenir sur cette clarinette les sons

il fallait les écrire par ces notes

Donc, si l'on veut hausser les sons d'un demi-ton,

il faudra nécessairement hausser leur écriture d'un demi-ton, ce qui ne peut se faire que par le dièse.

Il résulte de ceci que, pour entendre les sons

il faudra écrire :

De même pour entendre

il faudra écrire avec de simples bémols :

Tous les autres degrés altérés conservent les mêmes accidents dans leur écriture. On voit que la distance d'un ton, qu'il faut retrouver à chaque degré entre la clarinette en *si* ♭ et l'orchestre, est ainsi conservée.

Sur la clarinette en *la*, les signes accidentels varient de forme devant les trois notes écrites

lorsque leur son doit être altéré, soit en descendant, soit en montant.

On sait que cette écriture fait entendre réellement les sons

Donc, si l'on veut baisser ces sons d'un demi-ton

il faudra nécessairement baisser leur écriture d'un demi-ton, et cela ne peut se faire que par le bémol :

Voici alors comment, pour obtenir les sons

il faudra écrire :

De même, pour entendre

il faudra écrire avec de simples dièses :

Les autres degrés altérés conservent les mêmes accidents dans leur écriture, car les modifications ci-dessus suffisent à maintenir la différence de tierce mineure qu'il faut retrouver à chaque degré entre la clarinette en *la* et l'orchestre.

L'étendue de la clarinette, telle que nous l'avons donnée plus haut, se trouve donc un peu déplacée sur les clarinettes en *si* ♭ et en *la*, par le fait de leur transposition.

Ce déplacement est surtout utilisable avec la note la plus grave de l'instrument

qui fera entendre sur la clarinette en *si* ♭ un vrai *ré*

et sur la clarinette en *la* un vrai *ut* ♯

La clarinette en *ut*, autrefois si souvent employée, est aujourd'hui presque entièrement abandonnée par les clarinettistes à cause de la dureté et de la mauvaise qualité de ses sons, l'on n'écrit guère plus à l'orchestre que pour les clarinettes en *si* ♭ et en *la*. La première est l'instrument préféré des clarinettistes.

Quoique les clarinettes puissent jouer dans tous les tons majeurs et mineurs, il est cependant préférable, pour faciliter leur doigté, de se servir de la clarinette en *si* ♭ dans les tons qui comportent des bémols, et de la clarinette en *la* dans les tons qui comportent des dièses.

Le ton de la clarinette s'indique en tête de chaque morceau (1).

On peut, dans le courant d'un morceau, passer d'un ton de clarinette à un autre ; mais il est nécessaire, en indiquant ce changement, de laisser au clarinettiste le temps de l'exécuter. Il suffira pour cela d'un silence d'environ quatre mesures d'un mouvement modéré.

Les traits rapides sont exécutables et souvent d'un bon effet, à la condition de n'être pas trop chargés d'accidents.

Les trilles, en général, sont faciles jusqu'à

Ceux qui portent sur deux notes diésées ou sur deux notes bémolisées sont plus difficiles, et les suivants sont impraticables :

Les mélodies larges, passionnées, légères ou gracieuses conviennent également à la clarinette.

---

(1) Dans les anciennes partitions, les auteurs omettaient très souvent d'indiquer le ton de la clarinette, et écrivaient alors le son réel. Cette négligence, qu'on ne saurait approuver, ne se rencontre plus dans les partitions modernes.

De tous les instruments à vent, c'est celui qui possède le mieux la faculté de nuancer le son. Le *crescendo* et le *diminuendo* y sont obtenus plus facilement que sur la flûte ou le hautbois.

Le beau timbre, pur et poétique, de la clarinette, et la variété de ses facultés expressives ont fait donner à cet instrument un rôle considérable dans la musique d'orchestre.

On trouvera dans le larghetto du quintette en *la* de Mozart, pour instruments à cordes et clarinette, un magnifique emploi de la clarinette en *la*.

Nota. — Dans les musiques militaires, on se sert d'une clarinette en *mi* ♭ appelée petite clarinette. Cet instrument est accordé une tierce mineure plus haut que le diapason ordinaire, c'est-à-dire que son *ut* fait entendre réellement un *mi* ♭. Le timbre perçant et criard de la petite clarinette, qu'on ne peut guère utiliser que dans les exécutions en plein air, a fait proscrire cet instrument des orchestres de théâtre et de concert. On doit cependant mentionner l'emploi qu'en a fait Berlioz dans la *Symphonie fantastique* pour parodier et ridiculiser à dessein une phrase déjà entendue dans la partition.

Nous ne parlerons ici de la clarinette alto en *fa*, autrefois désignée sous le nom de *cor de basset*, que pour regretter l'abandon dans lequel les clarinettistes modernes ont laissé tomber ce bel instrument.

VI

La Clarinette-basse

La clarinette-basse est une grande clarinette dont les sons se produisent une octave plus bas que ceux de la clarinette ordinaire.

La clarinette-basse en *si* ♭ est la seule répandue en France. En Allemagne, on construit aussi des clarinettes-basses en *la*.

La clarinette-basse s'écrit généralement sur la clef de *sol*, mais en tenant compte de la différence d'octave qui existe entre cet instrument en *si* ♭ et la clarinette ordinaire dans le même ton, on verra que l'*ut* de la clarinette-basse en *si* ♭

fait entendre le son réel

du diapason ordinaire.

Le son réel étant à une distance de neuvième majeure au-dessous de la note écrite, il faut donc écrire les notes une neuvième majeure au-dessus des sons réels. Par exemple, si l'on veut obtenir en sons réels, dans le ton d'*ut* :

il faudra écrire ainsi la clarinette-basse en *si* ♭ :

L'étendue de la clarinette-basse est, pour la notation,

de 

avec tous les intervalles chromatiques et diatoniques intermédiaires.

Mais pour l'oreille la véritable étendue de celle en *si* ♭ est

de 

Tout ce que nous avons dit de la clarinette ordinaire en *si* ♭, relativement à l'armature de la clef et aux accidents passagers, est également applicable à la clarinette-basse.

Cet instrument est moins agile que la clarinette ordinaire. La noblesse de son timbre se prête peu aux effets de grâce et de légèreté.

On trouvera au V° acte des *Huguenots* un bel emploi de la clarinette-basse.

VII

Le Basson

On écrit le basson en se servant alternativement de deux clefs : la clef de *fa* pour les sons graves ou moyens, et la clef d'*ut* 4ᵉ ligne pour les sons aigus.

L'étendue du basson est

de 

avec tous les intervalles chromatiques et diatoniques intermédiaires.

On peut obtenir encore quelques demi-tons de plus à l'aigu, mais ils sont incertains et dangereux. Quelques bassons, principalement en Allemagne, possèdent le *la* grave

Cet instrument présente, dans les différents registres de son étendue, des qualités caractéristiques assez variées. Dans le grave, la sonorité est pleine et vibrante ; dans le médium, elle est plutôt flasque et molle ; le registre supérieur a quelque chose de serré et de pénible, et les dernières notes à l'aigu, comme, du reste, celles du registre grave, ne peuvent se faire *pianissimo*.

Le basson n'est pas dépourvu d'agilité, et les passages rapides ne lui sont pas interdits, à la condition qu'ils soient liés et qu'ils ne procèdent pas par intervalles éloignés.

Les trilles sont faisables

de 

à l'exception des suivants, qui sont inexécutables

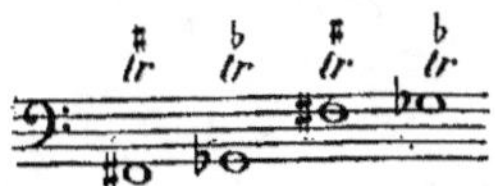

Le côté bouffon, même grotesque du caractère du basson, a été souvent utilisé avec succès.

VIII

Le Contrebasson

Le contrebasson est un grand basson, jouant à l'octave inférieure de la note écrite, comme le fait la contrebasse parmi les instruments à archet.

Il s'écrit sur la clef de *fa*.

Son étendue est

de 

avec tous les degrés chromatiques et diatoniques intermédiaires.

Ce qui produit pour l'oreille

de 

Les trois premières notes graves de cette échelle

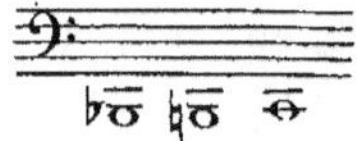

sortent très difficilement et sont peu appréciables.

La lourdeur de son de cet instrument lui interdit les passages rapides et ne lui laisse d'autre fonction que celle de doubler et de renforcer les parties de basse.

Le contrebasson est, malheureusement, assez peu répandu en France.

CHAPITRE III

INSTRUMENTS A VENT EN CUIVRE

I

Le Cor

Le cor s'écrit sur la clef de *sol*. On emploie quelquefois aussi la clef de *fa*, mais seulement pour éviter des lignes additionnelles en clef de *sol*.

Cet instrument a pour point de départ au grave un son fondamental ou initial quelconque, auquel on donne toujours le nom d'*ut*, et que l'on écrit invariablement aussi par un *ut*.

Par des modifications graduelles dans la pression des lèvres, on obtient, au-dessus de ce son fondamental, non pas la gamme diatonique complète et encore moins la gamme chromatique, mais une série de sons inégalement distants les uns des autres, dont les rapports d'intervalle avec le son fondamental constituent l'échelle du cor, et qui sont notés ainsi :

Cette échelle offrirait bien peu de ressources aux compositeurs si, au moyen de tuyaux de différentes longueurs qu'on a appelés *corps*

(1) Lorsque l'on se sert de la clef de *fa,* il est convenu d'écrire les mêmes sons une octave plus bas qu'en clef de *sol*.

ou tons de rechange et qui s'adaptent au corps principal de l'instrument, on n'avait imaginé de prendre à volonté pour son fondamental, n'importe lequel des douze degrés de la gamme chromatique.

Le son réel, produit alors comme fondamental par le corps de rechange qu'on aura choisi, donne son nom à la tonalité du cor; de sorte que, si le son fondamental qu'on ne cesse pour cela de représenter par un *ut* produit réellement un *ré*, ou un *mi* ♭, ou un *fa*, etc., le cor sera appelé cor en *ré* ou cor en *mi* ♭, ou cor en *fa*, etc.

De ce son fondamental réel, point de départ de l'échelle du cor, dépendront à leur tour tous les autres sons de cette échelle; c'est-à-dire que ceux-ci, de par la nature et la construction de l'instrument, se retrouveront infailliblement, quel que soit le ton de rechange employé, dans les mêmes rapports exacts d'intervalle avec ce son fondamental.

Par conséquent, le corniste, en parcourant la même échelle, en exécutant fidèlement sur son instrument les notes écrites qu'on vient de voir, fera produire à ces dernières, au moyen des tons de rechange, des sons réels très différents de la note écrite.

Afin de conserver la corrélation nécessaire sur tout instrument entre la notation et le procédé d'exécution qui correspond à cette notation, on a adopté pour le cor, en prenant pour base le ton d'*ut*, une écriture fixe, invariable, quel que soit le ton de cor employé : écriture conforme à la note qu'exécute le corniste sur son instrument, et non aux sons réels que font rendre à cette note les différents tons de rechange.

Dans le tableau en regard, nous donnons, au-dessous de la notation invariable, les sons réels qu'elle produit dans chacun des tons du cor, et aussi l'étendue de l'instrument dans chacun de ses tons.

On comprendra, par ce tableau et par les explications qui précèdent, combien le système de notation, sans doute très compliqué pour le compositeur, et que celui-ci ne peut s'assimiler que par l'étude, est cependant facile et simple pour l'exécutant, en vue duquel il a été adopté.

Il est à remarquer également : 1° que les sons réels se produisent toujours plus bas que leur notation quand celle-ci se fait en clef de *sol*, à la seule exception du cor en *ut* aigu dont les sons réels reproduisent exactement les notes écrites sur cette clef; 2° que la différence d'intervalle entre la note écrite et le son réel varie, selon le cor employé, d'une seconde mineure à une dixième mineure; 3° que les notes écrites sur la clef de *fa* se produisent en sons réels, inversement à celles de la clef de *sol*, plus haut que la note écrite, excepté sur les cors en *ut*, *si* et *si* ♭ graves.

TABLEAU

Notation invariable, quel que soit le ton réel.	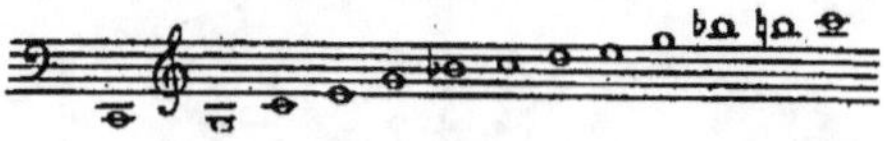	

SONS RÉELS PRODUITS PAR LES MÊMES NOTES DANS LES DIFFÉRENTS TONS DU COR EN COMMENÇANT PAR LE TON LE PLUS AIGU

Cor en *ut* aigu ou haut (à peu près inusité).	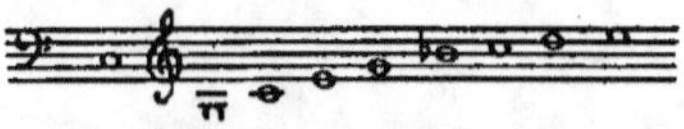	Ne monte pas plus haut.
Cor en *si* aigu ou haut (peu usité).	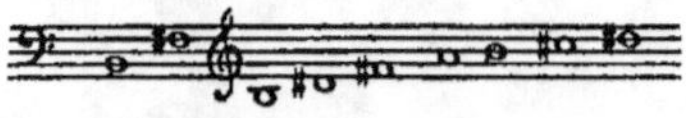	Ne monte pas plus haut.
Cor en *si* ♭ aigu ou haut (assez rarement employé).	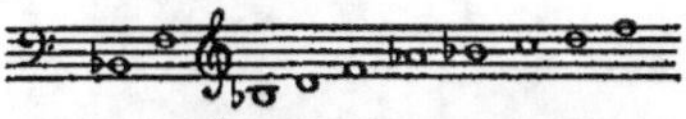	Difficile; ne monte pas plus haut.
Cor en *la*.	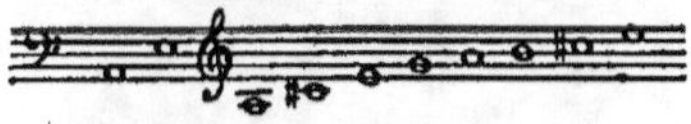	Ne monte pas plus haut.
Cor en *la* ♭.	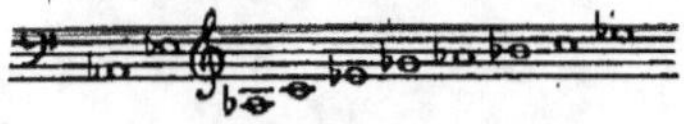	Ne monte pas plus haut.
Cor en *sol*.	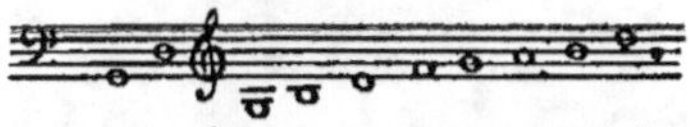	Ne monte pas plus haut.
Cor en *sol* ♭ (le cor en *fa* # donne les enharmonies de ces notes).	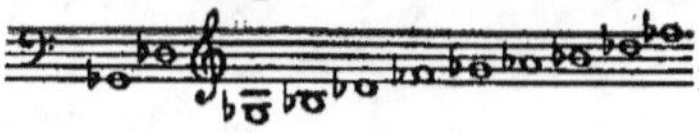	Ne monte pas plus haut.
Cor en *fa*.	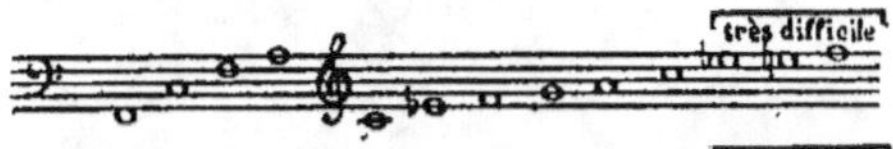	
Cor en *mi*.	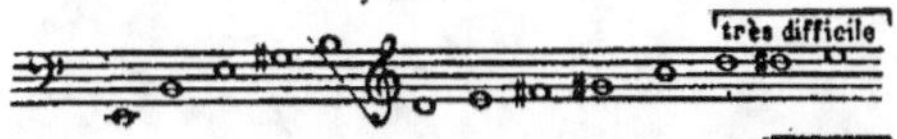	
Cor en *mi* ♭.	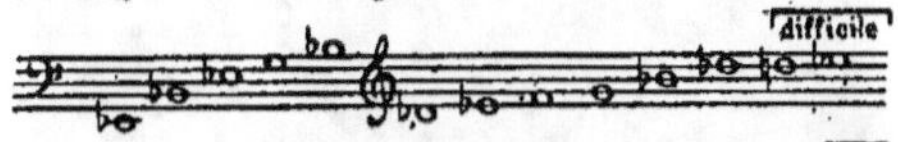	
Cor en *ré*.	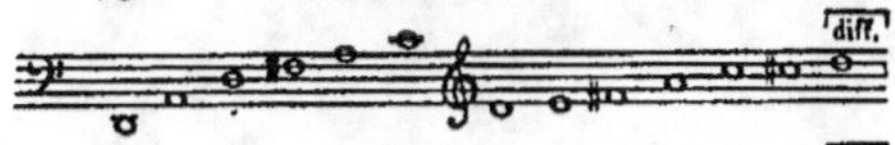	
Cor en *ré* ♭ (le cor en *ut* # donne les enharmonies des mêmes notes).	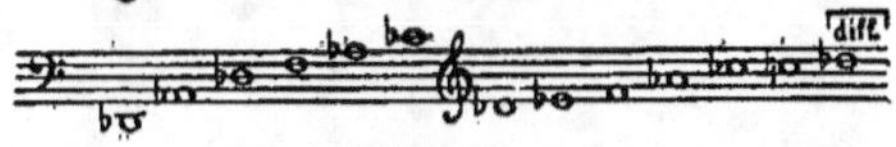	
Cor en *ut* grave ou bas (généralement désigné par cor en *ut* simplement).	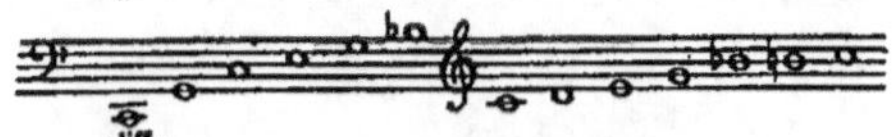	
Cor en *si* grave ou bas.	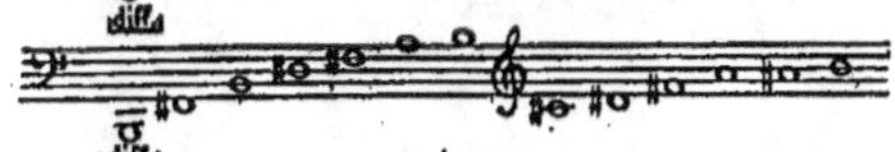	
Cor en *si* ♭ grave ou bas.	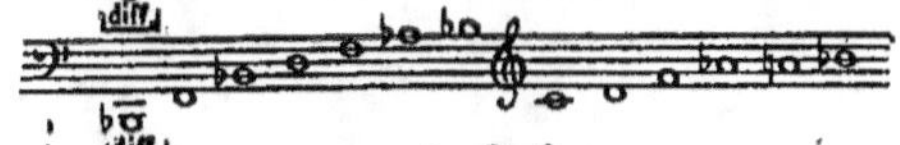	
Cor en *la* grave ou bas (peu usité) (1).	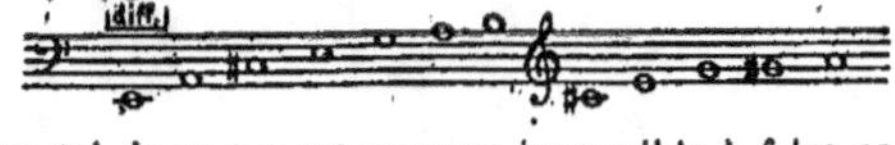	

(1) Le son fondamental de ce ton est presque impossible à faire sortir. On devra s'abstenir de l'écrire.

On a vu aussi que les quatre tons d'*ut*, de *si*, de *si* ♭ et de *la*, possèdent chacun deux cors, à une distance d'octave l'un de l'autre.

Il faut de plus se rappeler que peu de cornistes parviennent à parcourir dans son entier l'échelle de leur instrument, et que selon leurs aptitudes à produire les sons élevés ou les sons graves, on les divise en premiers et seconds cors. Il sera donc préférable de ne pas faire descendre le 1ᵉʳ cor au-dessous de cet *ut*

et dangereux de faire monter le 2ᵉ cor au-dessus de ce *mi*

Le ton du cor s'indique en tête du morceau, et l'on peut, dans le courant d'un même morceau, changer le ton du cor. Il faut, en indiquant ce changement, laisser à l'exécutant le temps matériel de l'opérer. Un silence d'environ quatre mesures d'un *quatre temps* modéré sera suffisant.

Tous les tons du cor ne sont pas également favorables à l'instrument. La sonorité des tons aigus est sèche et criarde, tandis que celle des tons graves n'est pas exempte de lourdeur. Les meilleurs tons, les seuls même à employer pour un solo, sont les tons moyens de *ré* à *sol*. Le cor en *fa* est celui qui a le plus beau son.

Nous n'avons parlé jusqu'ici que des degrés de l'échelle naturelle du cor, dits *sons ouverts*. Mais il existe encore toute une série de sons artificiels, dits *sons bouchés*, dont le timbre est sensiblement plus sourd, et l'exécution plus difficile.

Les sons bouchés sont obtenus en introduisant la main dans le pavillon du cor et selon qu'on en bouche plus ou moins l'orifice, les sons de l'échelle naturelle se trouvent plus ou moins abaissés et aussi plus ou moins assourdis. On comprendra donc que les sons bouchés sont d'autant meilleurs qu'ils sont plus rapprochés du son ouvert dont ils dérivent. Ceux qui se trouvent placés un demi-ton au-dessous d'un son ouvert sont les meilleurs.

Exemple :

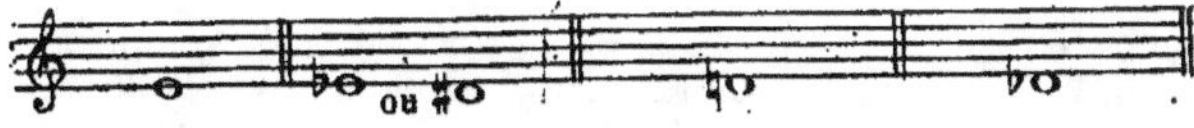

En ajoutant les bonnes notes bouchées aux notes ouvertes,

voici l'échelle qu'on peut faire parcourir à un cor des tons moyens,
en *ré*, *mi* ♭, *mi* ♮, *fa*, *fa* ♯ et, à la rigueur, en *sol*

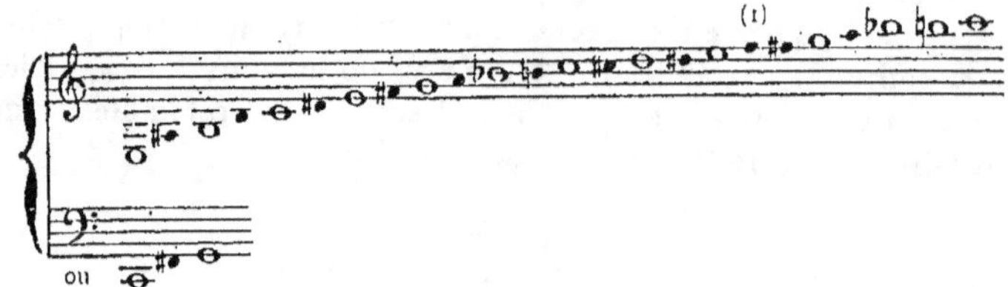

Nous n'avons donné dans cette échelle que les meilleurs sons
bouchés, et nous les avons indiqués par des points noirs.

Les trilles, quoique assez difficiles, sont cependant praticables
entre certains degrés du médium. Voici ceux qui sont usités :

Le *si* ♭ ouvert du médium et celui de l'octave supérieure étant
un peu trop bas, ce défaut de justesse ne peut être corrigé qu'en
forçant l'émission sur ces notes. Il faut donc se garder de les écrire
dans un *pianissimo*.

A de rares exceptions près, l'usage de plus en plus répandu est,
pour le cor, de ne pas mettre d'armature à la clef. Lorsqu'on a besoin
de recourir à des altérations de passages, on met devant les notes
les accidents qui sont nécessaires.

Les sonorités pittoresques du cor et aussi son origine première
ont valu à cet instrument une grande quantité de fanfares de chasse,
qui, à quelques exceptions près, sont plus ou moins vulgaires.
Mais, par contre, son caractère noble, rêveur, mélancolique, ses
sons purs, d'une poésie mystérieuse, son timbre, tantôt rude, tantôt
moelleux et toujours pénétrant, ont souvent inspiré des pensées
musicales de premier ordre.

Nous ne pouvons mieux faire que de reproduire ici ce qu'a si
bien dit M. Gevaert des propriétés expressives du cor :

« Aucun instrument, peut-être, n'agit aussi puissamment
« sur la fantaisie de l'auditeur. Les sons du cor transportent

---

(1) Ce *fa*, son bouché excellent, provient d'un *fa* ♯ ouvert que nous n'avons
pas donné dans l'échelle naturelle à cause de son manque absolu de justesse, et
que les cornistes évitent pour la même raison. Ce *fa* ♯ étant déjà trop bas, il
suffit de le boucher très légèrement pour obtenir un *fa* ♮ très juste, qui sonne
presque comme un son ouvert.

« l'esprit au loin, dans les libres espaces, au sein des vastes forêts,
« sous l'ombrage des chênes séculaires, ou dans les pays char-
« mants du rêve et de la féerie, aux bords des claires fontaines
« où l'on entend, par les belles nuits d'été, résonner les notes
« mystérieuses du cor d'*Obéron* (1). »

II

Le cor à pistons ou cor chromatique

Cet instrument est le même que le précédent, auquel l'adapta-
tion d'un ingénieux mécanisme de pistons a donné, dans toute son
étendue, la gamme chromatique en sons ouverts.

Quoique l'on rencontre dans beaucoup de partitions des indications de cors à pistons dans d'assez nombreuses tonalités, on ne
fabrique plus guère ces instruments que dans les tons de *fa* et de
mi, que l'expérience a démontré comme étant les meilleurs. Et
encore, la plupart des cornistes ne se servent-ils que du seul ton
de *fa* pour tout jouer, quel que soit le ton indiqué par le compositeur.

C'est donc sur le ton de *fa* que nous donnerons l'étendue du cor
à pistons. Cette étendue, la même que celle du cor ordinaire en
fa, est

de 

avec tous les degrés chromatiques et diatoniques intermédiaires;
et comme nous retrouvons ici le même système de notation que
nous avons déjà vu au cor ordinaire, cette étendue sera, en sons
réels,

de  (2)

(1) GEVAERT, *Nouveau Traité d'instrumentation.*
(2) M. Chaussier, l'un de nos meilleurs cornistes, a fait récemment fabriquer,
d'après un système dont il est l'inventeur, de nouveaux modèles d'instruments
en cuivre et à pistons, cors, trompettes, cornets, etc. L'innovation principale

On peut encore, sur le cor à pistons, obtenir quelques degrés de plus au grave, mais ces sons, d'un mauvais timbre, sont encore très difficiles à fixer.

On vient de voir que le mécanisme des pistons permettait de donner tous les degrés de la gamme chromatique en sons ouverts, mais il permet aussi de donner tous ces mêmes degrés en sons bouchés. De sorte qu'un passage, exécuté d'abord en sons ouverts peut être reproduit, avec une autre sonorité, comme un écho, entièrement en sons bouchés.

Le compositeur devra désigner ces derniers par le mot *bouché*, ou par les chiffres $\frac{1}{2}$ ou $\frac{2}{3}$, selon qu'il voudra que les sons soient plus ou moins sourds.

Quelques compositeurs, suivant en cela le système adopté pour le cor ordinaire, écrivent le cor à pistons sans armature à la clef, quel que soit le ton réel du morceau. Beaucoup d'autres, au contraire, traitent avec plus de logique le cor à pistons en instrument chromatique, et arment la clef conformément au ton dans lequel on fait jouer l'instrument. Mais cette armature ne peut jamais être la même que celle de l'orchestre, étant donnée la différence des diapasons que nous avons signalée.

Avec le cor à pistons en *fa,* cette différence de diapason et par conséquent d'armature avec l'orchestre est exactement la même que pour le cor anglais. Comme ce dernier instrument, le cor à pistons en *fa* prendra à la clef un dièse de plus que l'orchestre dans les tonalités diésées, et un bémol de moins dans les tonalités bémolisées.

Exemple :

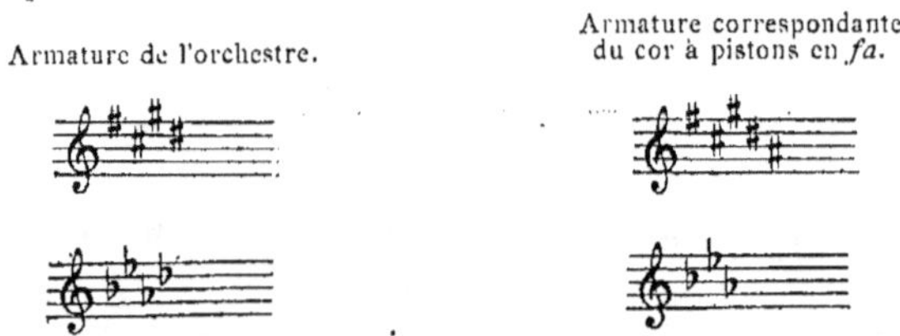

Lorsque l'orchestre sera en *ut* majeur ou en *la* mineur, le cor à pistons en *fa* prendra un dièse à la clef, et jouera en *sol* majeur ou

du système Chaussier porte sur la suppression de la transposition et permet aux compositeurs d'écrire les vraies notes, comme on fait pour le piano ou le violon.

Nous faisons des vœux pour que le système de M. Chaussier puisse rencontrer l'adhésion générale des instrumentistes spéciaux; la notation de la plupart des instruments en cuivre s'en trouverait singulièrement simplifiée.

en *mi* mineur, ce que l'oreille entendra une quinte au-dessous de la note écrite, c'est-à-dire dans le ton de l'orchestre, en *ut* majeur ou en *la* mineur.

Donc, si l'on veut entendre :

il faudra écrire une quinte plus haut :

Sur le cor à pistons en *mi* qu'on emploie assez souvent, les sons réels se produisent comme sur le cor ordinaire dans le même ton, à l'intervalle de sixte mineure au-dessous de la note écrite.

Donc, si l'on veut entendre :

il faudra écrire une sixte mineure plus haut :

Le cor à pistons en *mi* n'est jamais employé que dans des tons diésés. Lorsque l'armature de l'orchestre contiendra moins de quatre dièses, il faudra remplacer à l'armature du cor à pistons en *mi* chacun de ces quatre dièses en moins par un bémol.

Exemple :

On ne devra mettre de dièses à la clef qu'au fur et à mesure que l'armature de l'orchestre dépassera quatre dièses :

Le cor à pistons a pris depuis quelques années une très grande importance dans nos orchestres où, employé avec discernement, il rend d'incontestables services. Mais on n'a pas encore obtenu sur cet instrument la pureté, la noblesse, la poésie, en un mot la magnifique qualité de son qui fait le charme du cor ordinaire. Aussi ce dernier instrument a-t-il conservé de nombreux partisans, malgré ses lacunes rendues encore plus sensibles par les ressources chromatiques du cor à pistons.

III

La Trompette

La trompette s'écrit sur la clef de *sol*.

Comme le cor, la trompette a pour point de départ, au grave, un son fondamental ou initial quelconque, toujours représenté et désigné par la note *ut*, et ne fait entendre au-dessus de ce son fondamental qu'un certain nombre de sons.

Voici la disposition de ces sons supérieurs ainsi qu'ils sont notés par rapport au son fondamental, disposition qui donne l'échelle complète de la trompette :

Le son fondamental est rarement employé à cause de son mauvais timbre, et les trois derniers sons à l'aigu sont presque inaccessibles.

On voit que cette échelle présente à l'écriture les mêmes notes que celles de l'échelle du cor, et comme, encore ici, on peut prendre à volonté pour son fondamental l'un des douze degrés réels de la gamme chromatique, il s'ensuit que tout ce que nous avons dit du cor, s'applique également à la trompette.

Il dépend donc du son réel fondamental qu'on aura choisi de transporter l'échelle de la trompette dans n'importe quel ton, et cela, en employant, comme pour le cor, une notation invariable, basée sur le ton d'*ut*.

Dans le tableau en regard, nous donnons, au-dessous de la notation invariable, les sons réels que celle-ci fait entendre dans chacun des tons de la trompette, et aussi les différences que certains tons amènent dans l'étendue de l'instrument.

TABLEAU

SONS RÉELS PRODUITS PAR LES MÊMES NOTES DANS LES DIFFÉRENTS TONS DE LA TROMPETTE EN COMMENÇANT PAR LE TON LE PLUS GRAVE

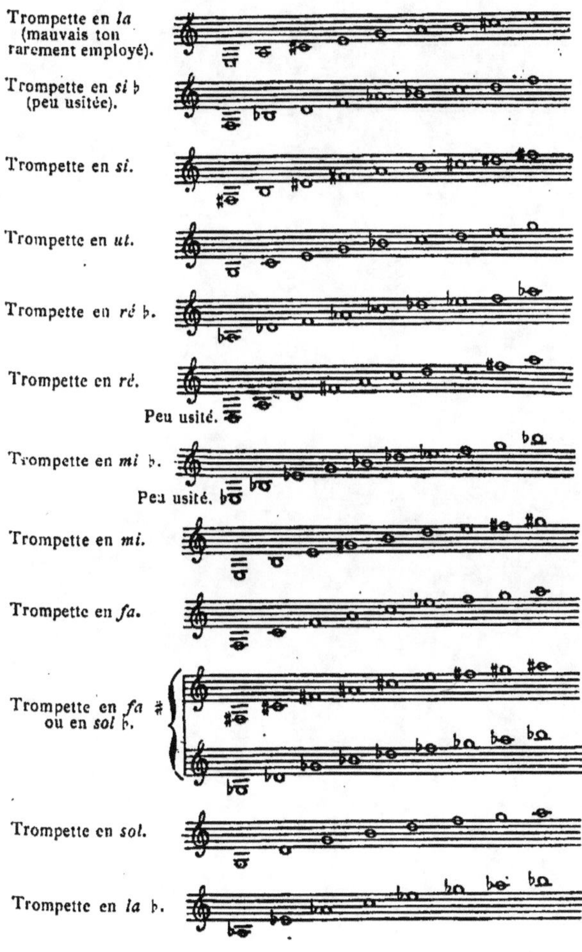

[illegible]

Si l'on compare ce tableau avec celui des différents tons du cor, on verra que sur les trois tons les plus graves de la trompette, *la*, *si* ♮ et *si*, les notes écrites produisent les mêmes sons réels que sur les mêmes tons aigus du cor; tandis que sur les huit autres tons de la trompette compris de *ré* ♭ à *la* ♭, parmi lesquels se trouvent les meilleurs et les plus usités, les sons réels se produisent toujours au-dessus de la note écrite.

Il en résulte que la même notation amènera dans ces derniers tons une véritable différence d'octave entre les sons réels de la trompette et ceux du cor. Ainsi le passage suivant de la 8° *symphonie* de Beethoven, exécuté en même temps par des trompettes et des cors en *fa*

produit à l'oreille

Nous trouvons un cas semblable dans la célèbre *symphonie en ut mineur* de Beethoven

On ne se sert pas de sons bouchés sur la trompette. L'échelle de cet instrument reste donc réduite aux seules notes écrites que nous avons données. Il faut cependant faire une exception pour le *fa* de la cinquième ligne

qu'on emploie souvent, mais le plus généralement comme note de passage entre un *mi* et un *sol*.

On ne peut donner à cette note une longue durée.

Les tons aigus de *sol* et de *la* ♭, grêles et criards, sont peu usités.

Celui de *la*, le plus grave et aussi le plus sourd, est encore plus rarement employé.

Dans les tons de *si* et de *si* ♭, le timbre manque d'éclat et de caractère.

Les sons répétés sont d'un excellent effet sur la trompette. Ils se font avec une rapidité que nous pouvons constater dans nos sonneries de cavalerie.

Les trois trilles suivants, quoique très difficiles, ne sont pourtant pas impraticables :

IV

La Trompette à pistons ou Trompette chromatique

Cet instrument, qu'il ne faut pas confondre avec le cornet à pistons, est le même que le précédent auquel l'application du mécanisme des pistons permet de donner en sons ouverts et dans toute l'étendue de son échelle tous les degrés de la gamme chromatique.

La trompette chromatique est aujourd'hui beaucoup plus répandue que la trompette ordinaire dont les ressources, il faut l'avouer, sont très bornées. Disons aussi qu'à cette transformation l'ancien instrument a moins perdu de ses qualités de sonorité que le cor ordinaire.

Avec la trompette à pistons, il n'y a jamais lieu de se servir des tons graves qui sont dépourvus d'éclat, ni des tons aigus qui sont criards. Les meilleurs tons à employer, les seuls d'un usage général, sont les tons de *fa, mi* et *mi* ♭.

Comme avec le cor chromatique, il résulte une différence de diapason entre le ton de ces trompettes et celui de l'orchestre, c'est-à-dire entre la notation et le son entendu.

En conséquence, lorsqu'on se sert de la trompette chromatique en *fa*, on doit écrire une quarte au-dessus des sons réels.

Pour entendre :

on écrira :

Avec la trompette chromatique en *mi*, on doit écrire une tierce majeure au-dessus des sons réels.

Pour entendre :

on écrira :

Avec la trompette chromatique en *mi♭*, on doit écrire une tierce mineure au-dessus des sons réels.

Pour entendre :

on écrira :

Les quatre premières notes graves

sont peu usitées à cause de leur mauvaise sonorité.

Beaucoup de compositeurs ne mettent pas d'armature à la clef, quelle que soit la différence de tonalité entre la trompette chromatique et l'orchestre.

V

Le Cornet à pistons

Le cornet à pistons, instrument chromatique dont l'origine est le cornet de poste, s'écrit sur la clef de *sol*.

Son étendue est

de 

avec tous les degrés chromatiques et diatoniques intermédiaires; mais les sons au-dessous de cet *ut*

sont rarement employés à cause de leur mauvais timbre.

Les trois dernières notes du registre aigu

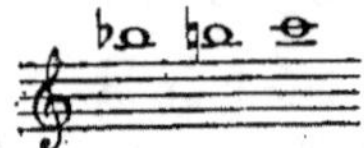

sont assez difficiles.

Le diapason originaire du cornet est conforme à celui du violon ou du hautbois, c'est-à-dire que les sons s'y produisent tels qu'ils sont écrits. Mais on a fait aussi des cornets à pistons dans différents tons, et ceux en *si* ♭ et en *la*, adoptés de préférence par les instrumentistes, sont les seuls dont on se serve aujourd'hui à l'orchestre.

La notation étant pour ces deux tons du cornet exactement la même que pour les clarinettes en *si* ♭ et en *la*, toutes les explications déjà données sur la manière d'écrire les clarinettes s'appliquent également à l'écriture des cornets à pistons dans les mêmes tons.

MM. Arban et Chaussier, appliquant chacun de son côté un système dont il est l'inventeur, ont fait construire récemment un nouveau modèle de cornets à pistons en *ut*. Ces instruments font entendre la note écrite comme le violon, la flûte, etc., mais ils sont encore peu répandus.

Les traits rapides, chromatiques ou diatoniques, les notes répétées, les trilles se font facilement sur le cornet à pistons, dont l'agilité égale presque celle de la flûte et de la clarinette.

VI

Le Trombone

La famille des trombones est assez nombreuse, mais nous ne nous occuperons ici que du trombone ténor, le seul qui soit employé dans les orchestres français.

Cet instrument s'écrit alternativement sur deux clefs : la clef d'*ut* 4e ligne et la clef de *fa*.

Son étendue est

de 

avec tous les degrés chromatiques et diatoniques intermédiaires.

Au-dessous de ce *mi*, le trombone possède encore quatre notes dites *pédales* qui sont

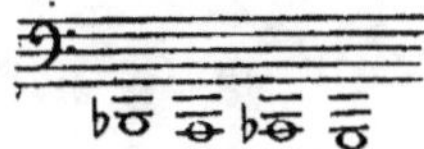

La première de ces notes, le *si* ♭, est d'une belle sonorité, mais les autres deviennent de plus en plus vacillantes et incertaines.

Les sons intermédiaires entre le *si* ♭ et le *mi* graves

n'existent pas sur l'instrument.

On doit éviter de se faire succéder trop rapidement quelques-uns des sons du trombone ; tels sont les suivants :

Les deux derniers passages deviennent d'une exécution facile s'ils sont ainsi renversés :

Les trilles majeurs seulement, d'un effet médiocre, sont praticables sur les notes suivantes :

Les trilles mineurs sont impossibles.

Les autres membres de la famille des trombones sont : le trombone alto dont le timbre est plus aigu que celui du trombone ténor, et le trombone basse, plus grave que ce dernier. Wagner a aussi employé dans ses derniers ouvrages un trombone contrebasse, mais aucun de ces instruments n'est usité en France.

VII

L'Ophicléide-basse

L'ophicléide-basse que l'on rencontre si souvent dans les partitions de la première moitié de ce siècle, de Spontini à Meyerbeer, est aujourd'hui à peu près complètement abandonné.

Il a été remplacé à l'orchestre par le tuba, instrument très préférable.

L'ophicléide-basse s'écrit sur la clef de *fa*.

Son étendue est

de 

ou

de 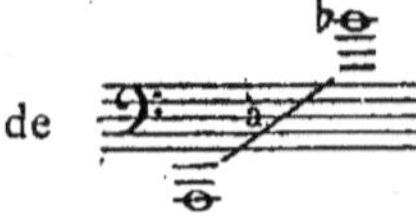

selon les instruments, avec tous les degrés chromatiques et diatoniques intermédiaires.

VIII

Le Tuba et le Saxhorn-basse

Le tuba s'écrit généralement sur la clef de *fa*.
Son étendue est

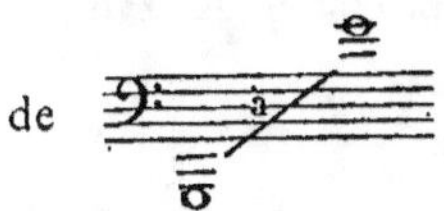

avec tous les degrés chromatiques et diatoniques intermédiaires.

On peut encore obtenir quelques degrés au-dessous de cette échelle, mais le timbre de ces sons est mauvais, leur justesse incertaine et nous conseillons de ne pas les employer.

Cet instrument a pour fonction principale de donner des basses puissantes à la masse des cuivres. Sous ce rapport, il est très supérieur à l'ophicléide-basse, par la qualité de ses sons, leur justesse et aussi à cause de l'étendue de son échelle.

Le saxhorn-basse est un instrument similaire au tuba, et qu'on confond quelquefois avec ce dernier.

CHAPITRE IV

INSTRUMENTS A PERCUSSION

I

Les Timbales

Les timbales s'écrivent sur la clef de *fa*.

Ces instruments sont généralement au nombre de deux dans les orchestres, et de dimensions différentes. L'un est appelé grande timbale, et l'autre petite timbale.

Le compositeur doit indiquer en tête de chaque morceau les sons qu'il veut faire donner aux timbales.

Chaque timbale ne peut donner qu'un seul son à la fois : celui auquel elle a été accordée. Mais ce son peut être changé, même dans le courant d'un morceau, sur l'indication du compositeur, et celui-ci devra laisser au timbalier le temps nécessaire à ce changement de son. Ce temps doit être proportionné à la distance d'intervalle entre le son qu'on quitte et celui qu'on va prendre.

Voici les sons auxquels on peut accorder successivement la grande timbale :

et ceux qu'on peut donner à la petite timbale :

Aujourd'hui, la notation des timbales est conforme aux sons qu'elles donnent.

On ne met cependant pas d'accidents devant les notes, ni à la clef, ces accidents ayant dû être désignés en même temps que les notes. Par exemple :

On peut écrire aux timbales les rythmes les plus variés et les plus compliqués. Le *roulement* sur une seule timbale ou passant d'une timbale à l'autre est d'un effet excellent. On l'indique ainsi :

ou bien :

Dans quelques grands orchestres, on a 3 et même 4 timbales, accordées chacune à un son différent. Les compositeurs peuvent alors confier à ces instruments des fragments de thème.

(MEYERBEER, *Le Prophète.*)

Les notes données aux timbales doivent être l'une des notes de l'accord, ou tout au moins doivent-elles pouvoir entrer dans sa composition.

Les anciens maîtres se sont quelquefois écartés de ce principe, mais à leur époque, ces instruments ne donnaient pas un son aussi appréciable que celui des timbales de fabrication moderne.

II

Instruments à percussion et à sons indéterminés

Les plus usités de ces instruments dans nos orchestres sont : la *grosse caisse*, les *cymbales*, le *triangle*, la *caisse roulante* ou *tambour*, et quelquefois aussi le *tam-tam*.

Ces instruments ne donnent aucun son assez appréciable pour être noté. Ils servent à déterminer ou à accentuer des rythmes, et viennent ajouter, selon la nature de leurs timbres respectifs, au pittoresque de l'exécution ou à la grosse sonorité de l'orchestre.

Dans la plupart des partitions gravées, ils sont maintenant écrits sur une seule ligne, remplaçant la portée. Les indications exactes de valeurs, de mouvements et de nuances, sont en effet les seules applicables à ces instruments.

La grosse caisse, les cymbales et le triangle forment ce qu'on appelle la *batterie*.

Ce même mot appliqué au tambour sert à désigner les différents rythmes que bat cet instrument. La *retraite,* la *générale,* la *diane,* etc., sont des batteries de tambour.

CHAPITRE V

La Harpe

La harpe s'écrit sur deux portées, avec la clef de *sol* et la clef de *fa*.

Sur la harpe *à double mouvement*, dernière transformation de cet instrument et la seule harpe à employer aujourd'hui, l'étendue est

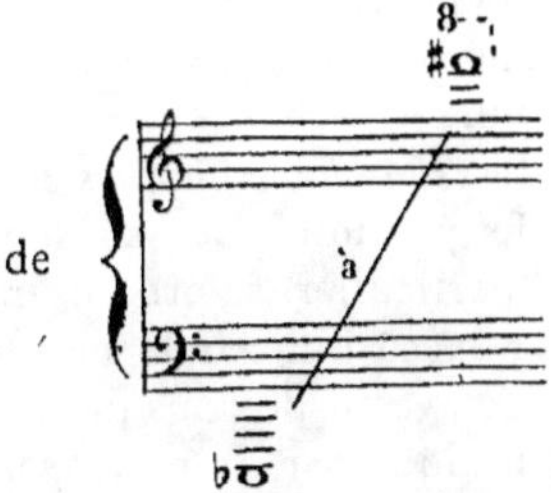

avec tous les degrés chromatiques et diatoniques intermédiaires.

Les 46 cordes dont est montée la harpe sont accordées de façon à donner la gamme diatonique d'*ut* ♭ majeur. Toutes les notes sont donc bémolisées ; mais, au moyen d'un mécanisme de 7 pédales, pourvues chacune de 2 crans, ces notes peuvent être haussées à volonté d'un demi-ton ou d'un ton, selon que la pédale aura été abaissée d'un ou de deux crans.

L'action des pédales se produit à la fois dans toutes les octaves, sur tous les sons de même nom. Ainsi, si l'on met les 7 pédales au premier cran, elles donneront dans toute l'étendue de l'instrument la gamme d'*ut* ♮ majeur à la place de celle d'*ut* ♭, et mises au second cran, elles produiront la gamme d'*ut* ♯ majeur.

On voit que chacune des cordes de la harpe peut faire entendre successivement sa note sous les trois formes d'altération ♭, ♮ et ♯.

Le double dièse et le double bémol sont rendus comme sur le piano par leurs homophones, c'est-à-dire qu'on exécute *sol* pour *fa* ✕, *la* pour *si* ♭♭ et ainsi de suite.

Ce mécanisme permet d'employer la harpe dans tous les tons majeurs et mineurs, quoique ce dernier mode, à cause de ses deux degrés variables (le sixième et le septième), soit moins favorable à l'instrument.

Il faut éviter les modulations subites entre deux tons très éloignés l'un de l'autre, comme par exemple *ré* ♭ et *mi* ♮. Si l'on voulait passer du premier de ces tons au second, un silence serait nécessaire pour laisser au harpiste le temps de disposer ses pédales tout autrement.

Les gammes et passages chromatiques sont inexécutables dans un mouvement rapide et d'un effet médiocre dans un mouvement lent.

De même les successions d'accords plaqués ou sous forme d'arpèges dans lesquels il entre beaucoup de notes chromatiques, ne sont possibles que dans un mouvement très modéré.

Les trilles ne sont pas d'un bon effet, et les notes rapidement répétées encore plus mauvaises.

A part les restrictions qu'on vient de voir, la harpe s'écrit à peu près comme le piano.

La harpe possède des *sons harmoniques* dont le timbre doux, mystérieux, est d'un effet poétique. Ces sons harmoniques, qu'on obtient par un procédé particulier, se produisent en sons réels une octave au-dessus de leur exécution par le harpiste. Il faudra donc en écrire les notes une octave au-dessous du son qu'on veut réellement entendre. On les indique par les mots : *sons harmoniques*, ou bien en surmontant les notes d'un *o*.

Ainsi on écrira

pour obtenir en sons harmoniques :

Toutes les cordes de la harpe ne sont pas propres à la production des sons harmoniques ; celles du médium sont les meilleures à employer pour ce genre d'effet.

DEUXIÈME PARTIE

INTRODUCTION

On appelle *orchestre*, dans le sens où nous devons prendre ce mot, la réunion de tous les instruments précités, ou tout au moins d'un assez grand nombre d'entre eux.

Selon le cas, on se sert des termes : *grand orchestre* ou *petit orchestre*.

En considérant ces instruments au point de vue des affinités ou des divergences qu'ils ont entre eux, on les divise en quatre familles ou groupes bien distincts.

1° Les instruments à cordes et à archet, qui sont :

> Le violon;
> L'alto;
> Le violoncelle;
> La contrebasse.

2° Les instruments à vent en bois, qui sont :

> La flûte. — La petite flûte;
> Le hautbois. — Le cor anglais;
> La clarinette. — La clarinette-basse;
> Le basson. — Le contrebasson.

3° Les instruments à vent en cuivre, qui sont :

> Le cor. — Le cor à pistons;
> La trompette. — La trompette à pistons;
> Le cornet à pistons;
> Le trombone;
> L'ophicléide-basse;
> Le tuba ou basse-tuba. — Le saxhorn-basse.

4° Les instruments à percussion, qui sont :

Les timbales (à sons déterminés);
Le triangle (à sons indéterminés);
Le tambour ou caisse roulante (à sons indéterminés);
La grosse caisse   —   —
Les cymbales   —   —
Le tam-tam   —   —

La harpe ne fait partie d'aucun de ces groupes. Employée seule ou associée aux autres instruments, la harpe reste un individu isolé dans la famille des instruments d'orchestre.

Les trois premiers groupes ont une importance musicale telle, et offrent une si grande différence de caractère entre eux, que chacun peut être employé seul, sans qu'il soit nécessaire de lui adjoindre l'un ou l'autre des autres groupes.

Il n'en est pas de même du quatrième groupe (instruments à percussion). Ce groupe est trop incomplet, musicalement parlant, pour pouvoir se suffire à lui-même. On n'en trouvera donc l'emploi qu'en l'associant aux autres groupes.

Nous allons commencer l'étude de l'orchestre par l'examen de chacun des groupes pris isolément, et par l'association partielle ou complète des différents groupes jusqu'à ce que nous arrivions à leur réunion dans la masse de l'orchestre.

CHAPITRE PREMIER

GROUPE DES INSTRUMENTS A CORDES ET A ARCHET

Ce groupe comprend :

> Le violon ;
>
> L'alto ;
>
> Le violoncelle ;
>
> La contrebasse.

Chaque partie de ces instruments est jouée par un certain nombre d'exécutants. Du nombre plus ou moins grand de ceux-ci dépendent l'importance de l'orchestre et la puissance de sa sonorité.

Les violonistes sont, de plus, divisés en deux groupes : *premiers et deuxièmes violons*, écrits chacun sur une portée différente.

Dans la partition, on relie ces deux portées par une accolade. On fait de même pour les violoncelles et les contrebasses.

L'ensemble de ce groupe est communément appelé : *le quatuor* (quoiqu'il se compose en réalité de cinq parties), ou : *les cordes*.

Dans aucune autre famille d'instruments on ne rencontre au même degré que dans celle-ci la richesse de la sonorité, la variété des moyens d'expression, l'homogénéité du timbre, la souplesse, la légèreté, et aussi la puissance dans l'exécution, enfin la facilité à produire toutes les nuances, tous les accents, toutes les oppositions et tous les contrastes.

Le quatuor est, du reste, considéré comme le groupe fondamental, la base essentielle de toute orchestration du genre symphonique ou lyrique. Souvent on l'écrit seul pendant de longs passages et quelquefois même pendant des morceaux entiers.

M. Saint-Saëns, dans la première partie de son *Déluge*, n'a employé, sauf quelques rares accords isolés de harpe, que les seuls instruments du quatuor.

Voici quelques exemples d'effets différents obtenus avec des instruments à cordes :

Ex. nº 1.   **Mozart.** — 8º *Symphonie.* — Final.

Ex. n° 2.   **Delibes.** — *Sylvia.* — Pizzicati.

Ex. n° 3.   **Hérold.** — *Le Pré aux Clercs.* — Acte II.

On peut aussi n'employer qu'une partie du quatuor.

Ex. n° 4.   **Beethoven.** — 5ᵉ *Symphonie.* — Andante.

Selon qu'on écrit pour un orchestre plus ou moins nombreux en instruments à cordes, on peut diviser en un nombre plus ou moins grand les parties de chaque instrument. Il faut indiquer ces divisions par le mot : *Divisés,* ou par le mot italien : *Divisi,* ou bien encore par l'abréviation : *Div.* à moins qu'on n'écrive les instruments divisés sur plusieurs portées.

Ex. n° 5. **Beethoven.** — 7° *Symphonie.* — Allegretto.

Ex. n° 6.   **Wagner.** — *Lohengrin.* — Prélude.

Lorsqu'on cesse de diviser les parties, on doit l'indiquer par l'abréviation : *unis.* du mot italien *unissone,* ou bien encore par le mot *tutti.*

Par une disposition opposée à celles qui précèdent, M. Saint-Saëns, dans le ballet de son opéra *Henry VIII*, a écrit, pour les premiers violons seuls, une partie importante sans accompagnement.

Ex . n° 7. **Saint-Saëns.** — *Henry VIII.* — Introduction du Ballet.

Quelquefois aussi, qu'on divise ou non les parties, chacune d'elles n'est confiée qu'à un seul exécutant. On met alors l'indication *solo* aux parties auxquelles elle s'applique.

Ex. n° 8.   **Gounod.** — *Faust.* — Acte II.

On remarquera dans le dernier exemple que la partie de la basse est faite par l'alto, doublé plus tard par un basson. Le violoncelle par son timbre expressif donne ici à une partie intermédiaire importante un relief qu'on n'aurait pas obtenu avec la sonorité plus sourde de l'alto.

Tout le monde connaît le célèbre quintette des violoncelles *soli* par lequel débute l'ouverture de **Guillaume Tell**, Wagner a reproduit une combinaison analogue dans le premier acte de *La Valkyrie*.

Ex. n° 9. **Wagner**. — *La Valkyrie*. — Acte Ier.

Parfois encore on donne une partie principale à un alto solo, ou à un violoncelle solo, ou plus souvent à un violon solo, que le quatuor des cordes accompagne, avec ou sans l'adjonction des instruments à vent.

Dans ce cas, il faut avoir soin de ne pas écraser le solo instrumental sous une orchestration trop lourde.

Ex. n° 10.   **Hérold.** — *Le Pré aux Clercs.* — Acte II.

ad lib.
9
6

Ex. nº 11. **Berlioz.** — *Harold en Italie.* — N° 1.

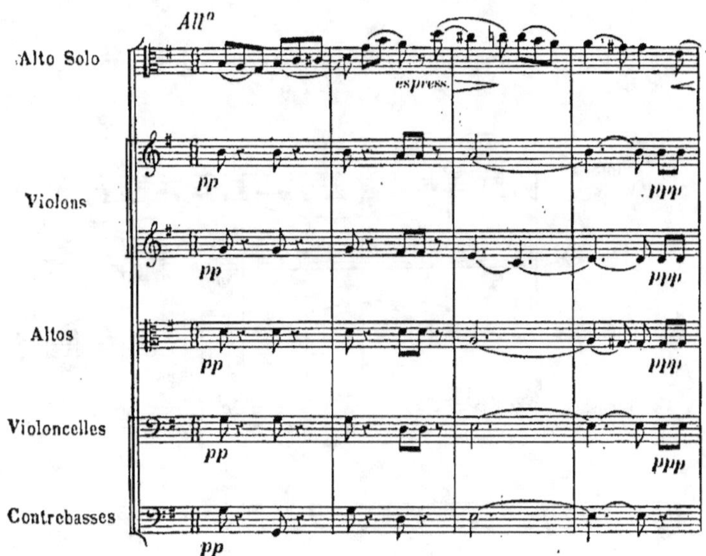

Ex. nº 12.　　**Massenet.** — *Les Erinnyes.* — Invocation.

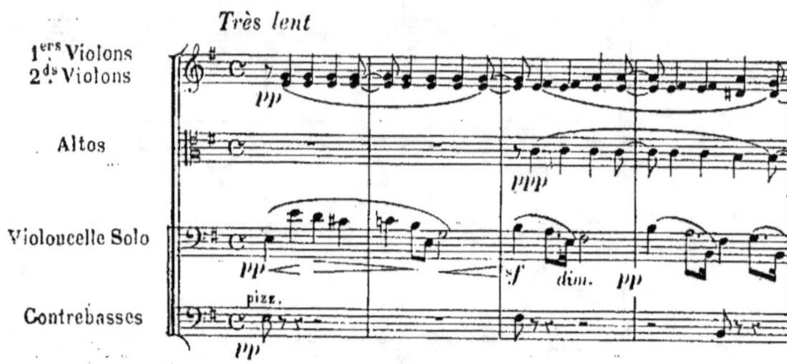

Mais là ne se bornent pas les facultés d'accompagnement des instruments à cordes. Le quatuor est considéré à juste titre comme le groupe par excellence pour accompagner les chanteurs solistes.

Nous citerons deux exemples d'un caractère très différent, où le quatuor seul suffit comme moyen d'accompagnement.

Ex. n° 13. **Gluck.** — *Iphigénie en Tauride.* — Acte IV.

Ex. n° 14. **Auber.** — *Le Domino Noir.* — Acte III.

Les sourdines peuvent n'être mises qu'à une ou plusieurs parties
du quatuor alors que d'autres parties n'en comportent pas. De même
le pizzicato peut n'être employé que dans une ou plusieurs parties,
tandis que d'autres sont jouées avec l'archet.

Ex. n° 15.   **Beethoven.**—*Concerto pour piano en mi ♭.*—Adagio.

On remarquera à la huitième mesure de cet exemple que les altos
sont écrits au-dessous de la basse ; mais, comme les contrebasses
rendent la note écrite à l'octave inférieure, il s'ensuit que la véritable basse se trouve bien réellement au-dessous des altos.

Grâce à l'homogénéité de timbre qu'on rencontre entre les instruments du quatuor à cordes, on peut les faire se succéder les uns
aux autres dans les passages où l'étendue de chacun d'eux serait dé-
passée.

Ex. n° 16. **Beethoven**. — *Ouverture d'Éléonore*. — N° 1.

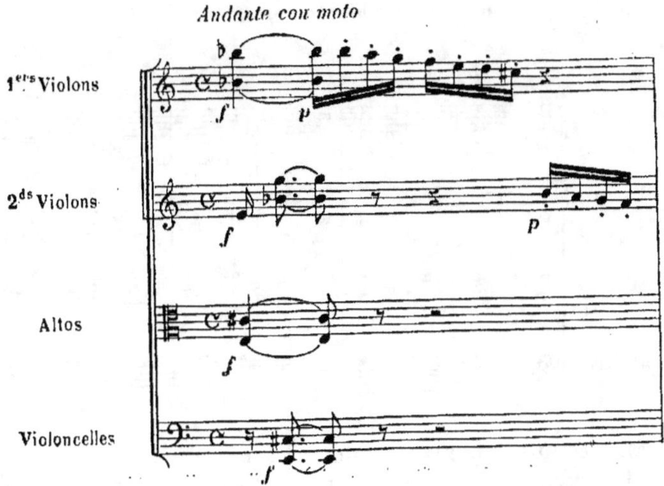

Après avoir indiqué les dispositions généralement adoptées pour le quatuor, nous donnerons quelques-unes des combinaisons qui ne sont employées qu'en vue d'un effet particulier.

Dans l'exemple suivant, la sonorité expressive et un peu triste de l'alto a été appliquée à une phrase mélodique au-dessus des deux violons qui exécutent des parties intermédiaires.

Ex. n° 17. **Beethoven.** — *Quatuor op. 131.* — Adagio.

Mais ces dispositions exceptionnelles ne doivent être employées qu'à bon escient. Si elles ne sont pas suffisamment motivées par un effet particulier de sonorité ou par un mouvement élégant des parties, elles peuvent apparaître comme des maladresses.

Avec des doubles cordes, il arrive souvent, tout en maintenant chaque instrument à sa place respective, de croiser entre elles les parties.

Ex. n° 18.

Le même enchevêtrement se présente fréquemment avec les accords de triples et de quadruples cordes.

On remarquera que, malgré ces croisements, le deuxième violon est, en somme, écrit plus bas que le premier, et l'alto plus bas que le deuxième violon.

Dans l'ensemble harmonique du quatuor, les croisements entre le deuxième violon et l'alto sont d'ailleurs assez fréquents.

CHAPITRE II

GROUPE DES INSTRUMENTS A VENT EN BOIS

Ce groupe comprend :

La flûte. — La petite flûte;
Le hautbois. — Le cor anglais;
La clarinette. — La clarinette-basse;
Le basson. — Le contrebasson.

L'usage est d'écrire à l'orchestre deux parties de flûte, deux de hautbois, deux de clarinette et deux de basson.

On écrit ordinairement les deux parties du même instrument sur une seule portée, et, contrairement à ce qui se fait pour le quatuor, chacune de ces deux parties n'est jouée que par un seul exécutant.

Lorsqu'on se sert de la petite flûte, du cor anglais et de la clarinette-basse, ces instruments sont joués, le plus souvent dans nos orchestres, la petite flûte par l'un des deux flûtistes, le cor anglais par l'un des deux hautboïstes, et la clarinette-basse par l'un des deux clarinettistes. Il sera donc prudent, à moins d'avoir à sa disposition un orchestre exceptionnel, de n'écrire qu'une seule partie de grande flûte avec la petite, une seule partie de hautbois avec le cor anglais, et une seule de clarinette avec la clarinette-basse.

Si l'on tenait à avoir deux petites flûtes comme Weber dans la chanson à boire du *Freischütz* et Spontini dans la scène d'orgie de *Nurmahal*, ou deux cors anglais comme Halévy dans l'air du quatrième acte de la *Juive*, il faudrait, dans la plupart des orchestres, se passer à ce moment de grandes flûtes ou de hautbois.

Le contrebasson se rencontre difficilement et, pour cette raison, est rarement employé.

Lorsqu'on a l'occasion de s'en servir, on l'ajoute ordinairement aux deux parties de basson.

Quelques grands orchestres possèdent quatre bassons.

L'ensemble de ce groupe est souvent appelé : *les bois*.

Ex. n° 19. **Mendelssohn.** — *Symphonie : La Réformation.*
Final.

Meyerbeer a obtenu une sonorité délicieuse avec les bois dans le registre élevé.

Ex. nº 20.   **Meyerbeer.** — *Robert le Diable.* — Acte III.

léger
léger
léger

cresc.
cresc.
léger
cresc.
cresc.
6

Dans *Le Prophète,* le même maître a produit un effet très différent dans le registre grave.

Ex. n° 21. **Meyerbeer.** — *Le Prophète.* — Acte IV.

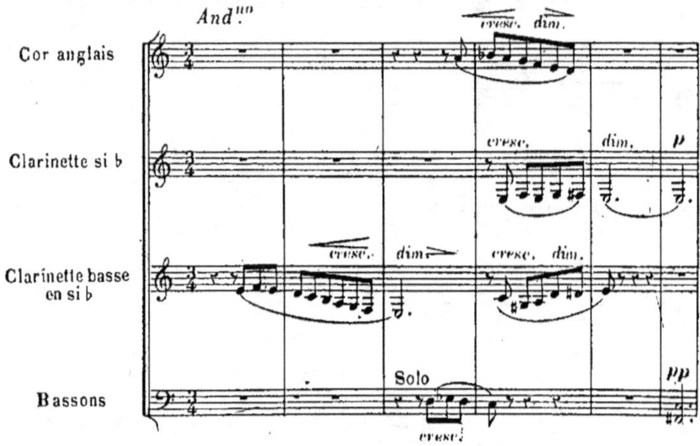

Une précaution s'impose tout d'abord en écrivant les instruments à vent ; c'est celle de laisser aux exécutants la possibilité de respirer dans tout passage assez long pour ne pouvoir être exécuté d'une seule respiration, car il serait impossible de jouer, sans discontinuer, aussi longtemps d'un instrument à vent que du piano ou du violon.

Si l'on tient au timbre d'un instrument pour l'exécution d'un long passage dans lequel l'instrumentiste ne pourrait reprendre sa respiration, on devra alterner ce passage entre des exécutants différents.

Ex. nº 22. **Gevaert.** — *Quentin Durward.* — Acte II.

p
à 2
1º
bru _ _ me.
Tout cou _ vert d'é _

cresc.
cresc.
_ cu _ me Un homme, un homme à che _ val.
cresc.

Nous ne retrouvons pas ici la parité de timbre que nous avons constatée dans le groupe des *cordes ;* le hautbois, par exemple, a une sonorité sensiblement différente de celle de la flûte ou dela clarinette.

Un passage comme celui de l'exemple 16 ne pourrait donc être distribué entre instruments à vent de façon à conserver un caractère uniforme de sonorité.

Cependant, dans la continuation d'un même dessin, on peut tirer un heureux parti de la différence des timbres.

Ex. n° 23. **Auber.** — *Le Dieu et la Bayadère.* — Acte Ier.

Les cors se mêlent souvent aux instruments à vent en bois. Leur sonorité s'allie admirablement à ceux-ci, particulièrement aux bassons avec lesquels ils se confondent souvent dans des parties d'accompagnement.

Ex. n° 24.   **Mozart**. — 3ᵉ *Symphonie*. — Menuet.

Ex. nº 25.   **Hérold.** — *Zampa.* — Acte II.

Le passage suivant nous offre l'exemple d'une phrase de cor à laquelle répondent l'un après l'autre la clarinette, le hautbois et la flûte.

Ex. n° 26. **Gounod.** — *Faust.* — Introduction.

Solo
Solo
1º

Citons encore l'association des cors aux clarinettes et aux bassons, au début de l'ouverture du *Tannhäuser*.

Ex. n° 27.   **Wagner.** — *Tannhauser.* — Ouverture.

CHAPITRE III

RÉUNION DES DEUX GROUPES :
CORDES ET BOIS

Nous venons de voir les instruments à vent en bois traités en groupe séparé du reste de l'orchestre. Nous allons maintenant étudier ce groupe au point de vue de ses différentes combinaisons avec le quatuor.

Les instruments à vent viennent assez souvent se joindre aux cordes pour renforcer celles-ci, les doubler, soit à l'unisson, soit à une autre octave; mais l'abus injustifié de ce moyen facile donne bien vite une orchestration pauvre et sans intérêt.

A moins d'un effet voulu et par cela même limité dans sa durée, il est préférable de donner à chacun des groupes une marche différente, en rapport avec ses qualités caractéristiques. Tantôt l'intérêt est plus particulièrement dans l'un, et l'autre joue alors un rôle effacé; tantôt ils ont tous deux une égale importance concertante, et sont pour ainsi dire enchevêtrés l'un dans l'autre; tantôt encore ils sont séparés, se répondent, et se rejoignent ensuite dans une seule masse.

Les exemples de l'assemblage partiel ou complet de ces deux groupes sont trop nombreux et trop variés dans leurs dispositions pour que nous puissions les citer tous ici. Nous nous bornerons à en reproduire quelques-uns, espérant qu'ils aideront à en faire découvrir d'autres, et peut-être à donner lieu à de nouvelles combinaisons.

Un instrument à vent accompagné par le quatuor seul.

Ex. n° 28.   **Haydn.** — *Les Saisons.* — L'Été.

Un instrument à vent accompagné d'une autre manière.

Ex. n° 29.   **Halévy.** — *La Reine de Chypre.* — Acte II.

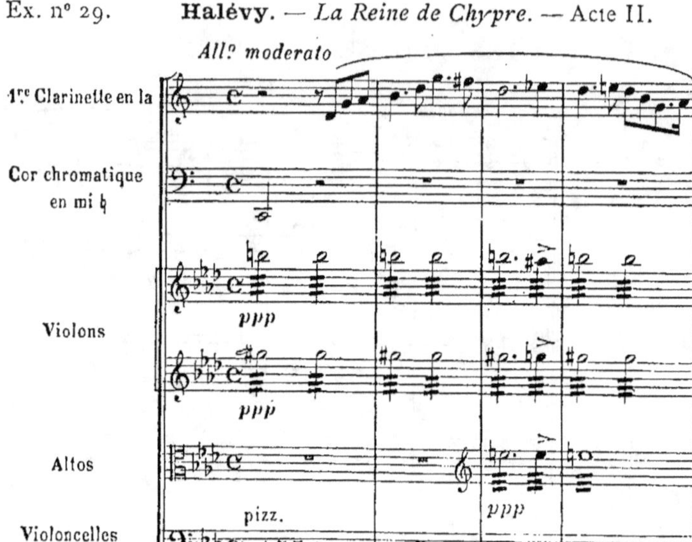

Instruments à vent jouant à l'octave un thème accompagné par un dessin de cordes.

Ex. n° 30. **Mendelssohn.** — *Symphonie Cantate.* — Allegretto.

Groupe de bois accompagné par les cordes.

Ex. n° 31.   **Rossini.** — *Guillaume Tell.* — Acte Ier.

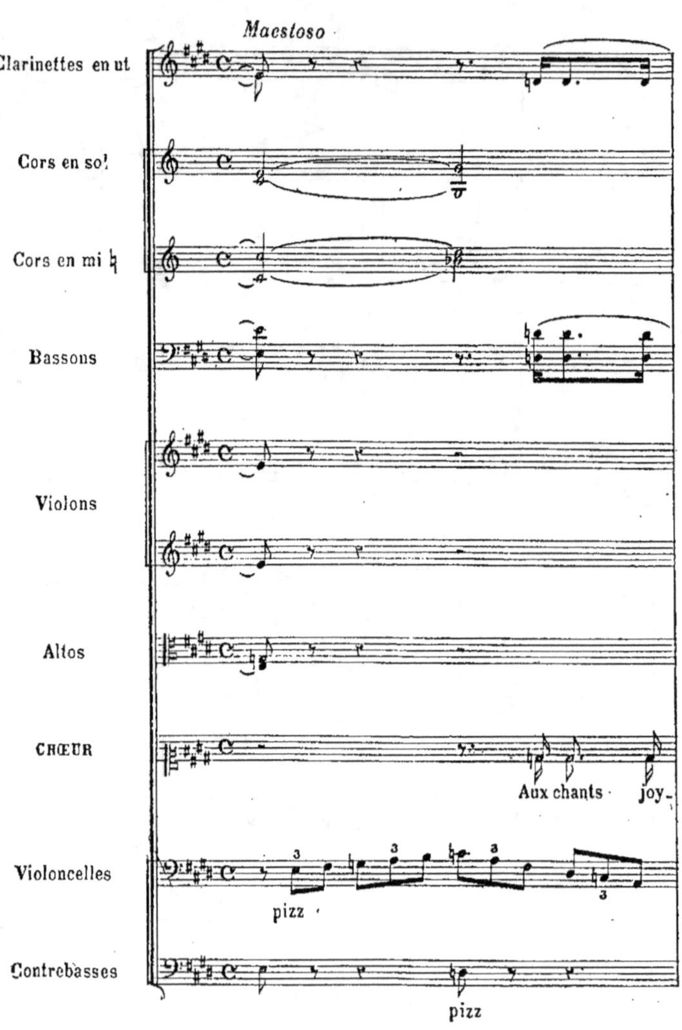

pizz
_ eux   qui re _   _ ten _ tis _ sent   Que nos   ac_

_ cents   plus doux   s'u _ nis _ sent!   Cé _ lé _ brons

Groupe de bois et de cors faisant un rythme d'accompagnement
sur un motif de violon.

Ex. nº 32.   **Beethoven.** — 8ᵉ *Symphonie.* — Allegretto.

pizz.
pp

Disposition semblable à la précédente. Faisons remarquer qu'il n'y a pas de flûtes dans l'exemple 32 et que dans l'exemple suivant il n'y a pas de hautbois.

Ex. n° 33. **Mendelssohn.** — *Symphonie Italienne.* — Allegretto.

Groupe de bois et de quatuor se répondant. Dans l'exemple suivant, exceptionnellement, la flûte se trouve au-dessous du hautbois.

Ex. n° 34.   **Berlioz**. — *L'Enfance du Christ*. — Le Repos de la Sainte Famille.

Rythme d'accompagnement en notes répétées fait par des instruments à vent en bois, tandis que le hautbois répète en sons liés
un dessin donné en pizzicato par le violoncelle.

Ex. n° 35.   **Halévy.** — *La Juive.* — Acte II.

Mélange des différents timbres.

Ex. nº 36.   **Méhul.** — *Joseph.* — Acte II.

Autre exemple des différents timbres alternés.

Ex. n° 37.   **Weber.** — *Obéron.* — Ouverture.

ppp
staccato
ppp
staccato
ppp
Altos
Vlles
pp possibile
pp
à 2
pp
à 2
ppp
pp possibile

pp
pp
pp
pp
pp
pizz.
pizz.
arco
pizz.
pizz.

pizz
pizz
arco
arco

On emploie souvent pour l'accompagnement du chant des for-
mules rythmiques différentes dans chacun des groupes : *cordes* et
bois.

Ex. nº 38.   **Delibes.** — *Lakmé.* — Acte II.

pizz.
L
_ vè _ le
Le grand bois si _ len _ ce

_ eux Qui l'en_ferme est ja_loux d'el _ le

Quelquefois aussi on alterne un même dessin entre les deux groupes.

Ex. n° 39.   **Lalo.** — *Le Roi d'Ys.* — Acte III.

pp
pp
pp
pp
pp
4.e Corde
pp
pp
pp
dolce
_mis
Puis il met___ vo_tre main___ dans la
ppp

pp
pp
1°
ppp
ppp
pp
pp
ROZENN
dolce espress
Je t'aime ô My_li _ o.
M
mien _ ne
pp
ppp

CHAPITRE IV

GROUPE DES INSTRUMENTS A VENT EN CUIVRE

Ce groupe comprend :

    Le cor. — Le cor à pistons;

    La trompette. — La trompette à pistons;

    Le cornet à pistons;

    Le trombone;

    L'ophicléide-basse;

    Le tuba ou basse-tuba. — Le saxhorn-basse.

On écrit le plus souvent aujourd'hui quatre parties de cor, que les compositeurs combinent à leur gré entre les cors ordinaires et les cors à pistons.

Dans la plupart des orchestres français, on ne possède que deux cornets à pistons, et ce sont les exécutants de ces instruments qui jouent les parties de trompette et de trompette à pistons lorsqu'il y a lieu.

Dans les grands orchestres de concert et à l'Opéra, on possède deux trompettes et aussi deux cornets à pistons jouant à l'occasion la trompette. Cette combinaison permet d'écrire deux parties de trompette avec deux parties de cornet à pistons, ou bien quatre parties de trompette.

On écrit généralement trois parties de trombone, le plus souvent sur la même portée.

M. Reyer a écrit quatre parties de trombone dans l'introduction de son opéra : *la Statue*.

Quoiqu'on rencontre quelquefois dans des partitions françaises des parties de trombone alto, de trombone ténor et de trombone basse écrites sur des clefs différentes, ces dénominations ne servent guère qu'à désigner improprement les parties de premier, deuxième et troisième trombone. On ne se sert en France que du trombone ténor, et il est préférable de l'écrire sur la clef d'*ut* quatrième ligne et sur la clef de *fa*.

On a vu page 44 que l'ophicléide était aujourd'hui peu usité. On l'a remplacé par le tuba dont on n'écrit en général qu'une seule partie.

De même que pour les instruments à vent en bois, chaque partie du groupe des instruments en cuivre n'est jouée que par un seul exécutant.

L'ensemble de ce groupe est communément appelé : *les cuivres*.

Nous croyons inutile de répéter ici ce que nous avons dit à propos de la respiration et des moments de repos qu'il faut ménager aux exécutants.

On trouve dans ce groupe une unité de timbre beaucoup plus grande que dans le groupe des *bois*. Les cors, toutefois, n'ont pas le timbre clair et éclatant des autres instruments en cuivre; leur sonorité moelleuse, relativement voilée, sert souvent de transition entre les autres cuivres et les bois, auxquels on les rattache d'ailleurs très fréquemment.

Quoique l'on rencontre assez souvent des solos de cor, quelquefois de trompette et de cornet à pistons, le rôle principal des instruments en cuivre réside dans leur réunion en groupe harmonique.

Moins variés de caractère, moins riches en moyens d'exécution que les cordes et les bois, les cuivres n'occupent à l'orchestre que le troisième rang dans l'ordre d'importance des différents groupes.

Voici deux exemples de l'emploi des cuivres en groupe isolé.

Ex. nº 40.   **Meyerbeer.** — *L'Africaine.* — Acte IV.

Dans l'exemple suivant, l'harmonie est complète avec les trois trombones et le tuba. Dans les deux dernières mesures, la deuxième trompette vient ajouter une cinquième partie au quatuor des cuivres.

Ex. n° 41.   **Wagner.** — *Tannhäuser.* — Acte III.

On se sert quelquefois aussi des cuivres jouant *piano* pour accompagner une phrase de chant.

Ex. n° 42.   **Berlioz.** — *Damnation de Faust.* — 2° partie.

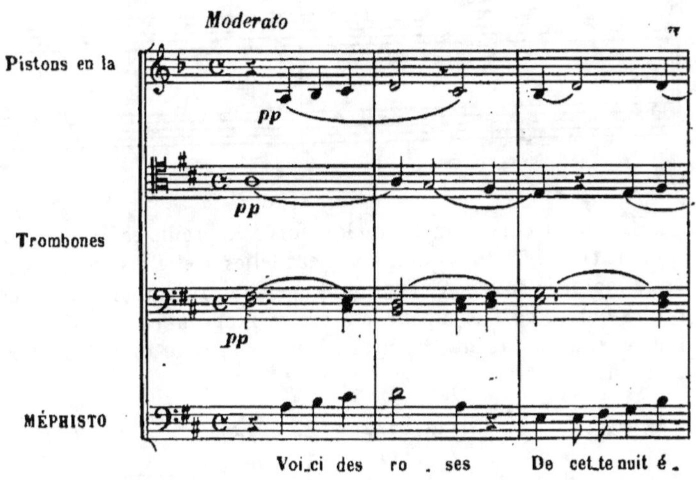

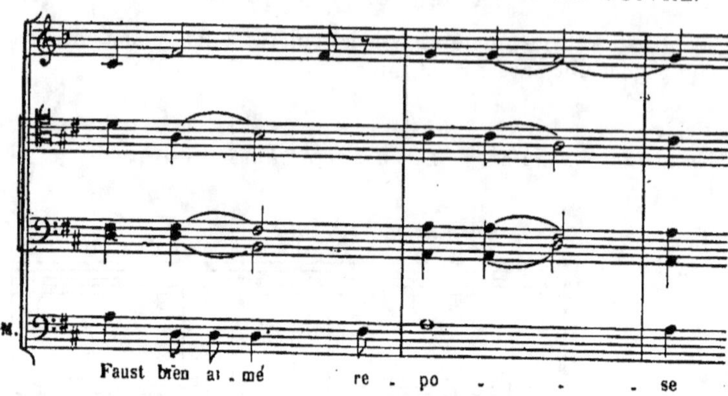

Les quatre cors forment quelquefois à eux seuls comme un quatuor de cuivres écrit à quatre parties réelles. Cette disposition peut être employée soit dans l'ensemble général, soit pour un passage où les quatre cors occupent le premier rang comme au début de l'ouverture de *Freischütz*, et aussi en les laissant tout à fait à découvert.

Ex. n° 43.   **Saint-Saëns. —** *Phaéton*.

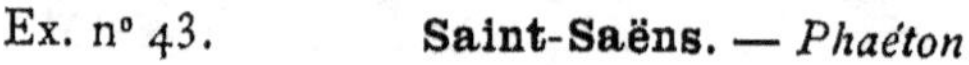

CHAPITRE V

RÉUNION DES CUIVRES AUX GROUPES
DES CORDES ET DES BOIS

L'association directe des trompettes et des trombones d'une part, avec les instruments à cordes d'autre part, n'est pas fréquente. Le plus souvent les instruments en bois viennent servir de transition entre des sonorités si différentes l'une de l'autre. On trouve néanmoins des exemples de cette association.

Ex. n° 44.   **Wagner.** — *Les Maîtres Chanteurs.* — Acte III.

Ehrt eu - re deut____ schen

RÉUNION DES CUIVRES AUX GROUPES

Ex. n° 45.   **Meyerbeer.** — *Les Huguenots.* — Acte V.

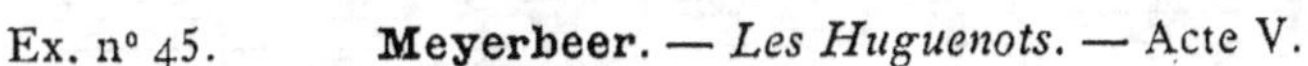

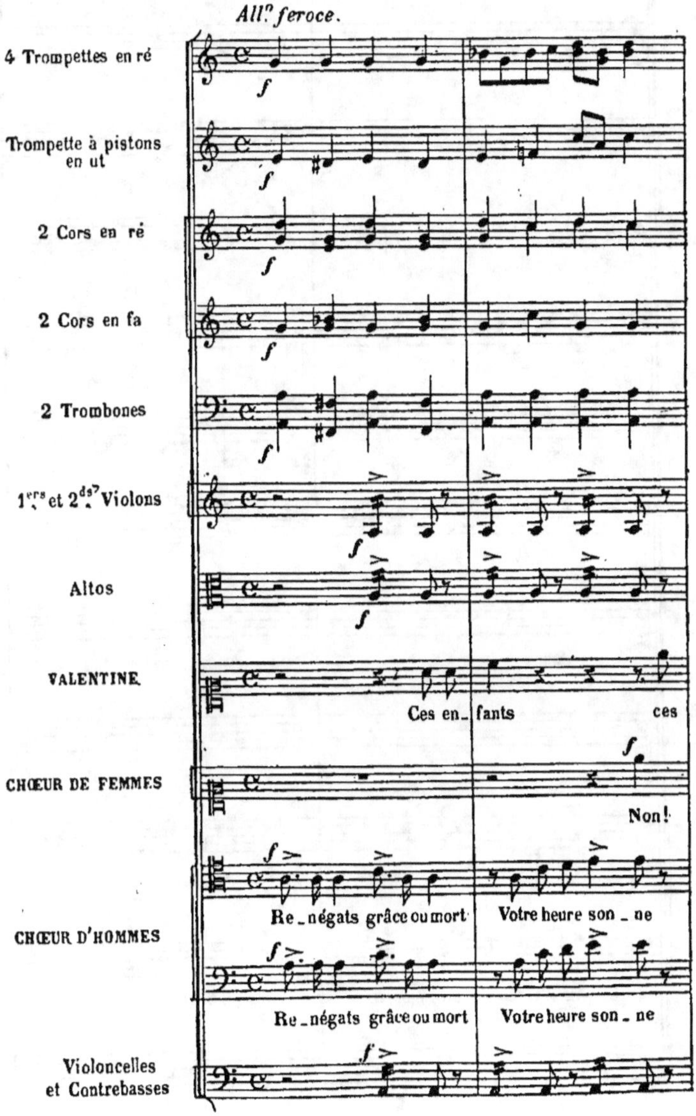

femmes
Ar_rê_tez!
non!
Ab_jurez ou mourez le ciel l'ordon_ne
Ab_jurez ou mourez le ciel l'ordon_ne

L'association des *cuivres* avec les *bois*, sans l'intervention des *cordes*, se rencontre plus ordinairement.

Ex. n° 46.   **Beethoven**. — 9ᵉ *Symphonie avec Chœurs*. — Final.

Les bassons sont souvent mêlés aux *cuivres* soit pour les renforcer, soit pour faire une partie distincte qui peut être la basse, ou le
redoublement de celle-ci.

Ex. n° 47.   **Rossini**. — *Le Comte Ory*. — Acte I.

Ex. n° 48.   **Rossini**. — *Le Siège de Corinthe*. — Acte I.

Ex. n° 49.   **Weber.** — *Freischütz.* — Chasse infernale.

La réunion des trois groupes complets avec l'adjonction des instruments à percussion forme ce qu'on appelle le grand orchestre; dont nous parlerons bientôt; mais on peut mélanger des éléments de ces trois groupes, sans pour cela recourir à tout l'orchestre.

Ex. n° 50.   **Mozart.** — *Don Juan.* — Acte II.

Les basses des cordes ne font que doubler la partie de 3° trombone.

L'exemple suivant nous montre les violoncelles et les contre-basses renforçant la partie des bassons dans un passage exécuté par les instruments à vent, sans que le caractère spécial du passage soit altéré par ce doublement.

Ex. n° 51.   **Massenet**. — *Esclarmonde*. — Acte I.

bien rythmé
cresc.
cresc.
cresc.
cresc.
cresc.
p léger et bien rythmé
cresc.
p
C'est mon fidèle a_mi qui revient aujour_d'hui !
bien rythmé
cresc.
bien rythmé
cresc.

CHAPITRE VI

GROUPE DES INSTRUMENTS A PERCUSSION

On a vu page 48 que ce groupe n'offrait pas assez de ressources musicales pour être utilisé autrement que par l'adjonction totale ou partielle des instruments qui le composent aux instruments des autres groupes.

Sa fonction se borne, le plus souvent, à augmenter la sonorité générale de l'orchestre, à dessiner des rythmes ou à renforcer ceux que font déjà d'autres instruments.

Dans cette famille d'instruments, les timbales occupent le premier rang. Un grand nombre de partitions ne contiennent que ces seuls instruments de percussion. La faculté de les accorder à des sons musicalement appréciables, et la facilité avec laquelle on exécute dans toutes les nuances les rythmes les plus variés, permettent de confier à ces instruments des dessins caractéristiques. On en rencontre surtout dans les partitions de Beethoven, Meyerbeer, Berlioz et Wagner.

La grosse caisse est principalement usitée dans le *fortissimo*, avec la masse entière des instruments. Associée aux cymbales, elle marque quelquefois le point culminant d'un *crescendo* d'orchestre. Elle peut néanmoins être utilisée dans le *piano*, comme d'ailleurs tous les autres instruments de percussion. La grosse caisse sert aussi à reproduire le bruit du canon ou de la foudre.

Les cymbales ont été, dans toute la première moitié de ce siècle, étroitement liées à la grosse caisse. Le même exécutant jouait en même temps les deux instruments que la plupart des compositeurs confondaient dans une seule partie. Cet usage est aujourd'hui abandonné dans ce qu'il avait d'irrationnel ; la grosse caisse et les cymbales sont considérées comme des instruments différents que l'analogie de leurs fonctions destine à se réunir souvent dans les mêmes rythmes.

Les partitions modernes renferment des exemples assez nombreux de l'emploi séparé des deux instruments.

Le timbre clair et gai du triangle convient surtout aux passages légers, gracieux ou pittoresques.

Le tambour produit avec la même facilité que les timbales les rythmes les plus variés, mais la nature de son timbre, et peut-être les circonstances où nous sommes habitués à entendre cet instrument en restreignent l'emploi aux effets de musique martiale, héroïque, ou d'un certain pittoresque. Auber a commencé son Ouverture de *Fra Diavolo* par une *batterie* exécutée par le tambour seul.

Le tam-tam est beaucoup plus rarement usité que les instruments précédents. Son emploi est presque exceptionnel, et toujours motivé par une situation dramatique.

On nous pardonnera de ne pas insister davantage sur ces instruments qui, à l'exception des timbales dans de certains cas, ne sont la plupart du temps qu'une superfétation dans l'ordonnance générale d'une partition. On trouvera d'ailleurs dans de nombreux exemples de cet ouvrage, l'emploi des instruments de percussion.

CHAPITRE VII

EMPLOI DE LA HARPE A L'ORCHESTRE

La harpe ne fait partie d'aucun groupe à l'orchestre. Les anciens maîtres l'y employaient rarement, tandis que les partitions écrites depuis une soixantaine d'années abondent en solos, en dessins d'accompagnement et en passages de toutes sortes exécutés par cet instrument.

La harpe ne sert jamais cependant aux parties de *remplissage*. Elle ne se fond avec aucun des autres instruments de l'orchestre, et conserve au milieu d'eux, quelles que soient les combinaisons auxquelles on l'associe, le caractère distinctif qu'elle doit à la particularité de son timbre.

Il ne faudra donc pas couvrir la sonorité, relativement faible de cet instrument, par une masse instrumentale trop puissante.

Quelques grands orchestres possèdent deux harpistes, et quelquefois même davantage. Les compositeurs qui ont à leur disposition ces moyens d'exécution peuvent écrire plusieurs parties de harpe lorsqu'ils le jugent utile.

La harpe est souvent employée pour accompagner une mélodie vocale ou instrumentale.

Ex. n° 52. **Meyerbeer.** — *L'Africaine.* — Acte IV.

Quoique les accords et les dessins arpégés jouent un rôle important dans les parties de harpe, cet instrument se prête encore à un grand nombre d'autres procédés, et à une certaine variété d'effets.

Ex. n° 53. **Lalo.** — *Symphonie Espagnole.* — Rondo.

Dans l'exemple suivant, la harpe double la partie de cor à l'unisson et à l'octave inférieure. L'association de ces deux timbres dans un même dessin donne comme l'illusion d'un son lointain de cloche.

Ex. n° 54. **Joncières.** — *Dimitri.* — Acte III.

pp
sain   te,   C'est là   que dorment mes aï _ eux

Le timbre suave et poétique des sons harmoniques a été souvent utilisé dans les partitions modernes.

Ex. nº 55. **Berlioz.** — *Damnation de Faust.* — Danse des Sylphes·

Le passage suivant offre un exemple de la combinaison des sons naturels et des sons harmoniques, avec l'emploi de deux harpes. Nous prenons ce passage au moment de la répétition d'un motif exposé tout d'abord sans les harpes. Celles-ci n'arrivent qu'ensuite, et se superposent comme un ornement à la disposition fondamentale de l'orchestre.

Ex. n° 56.   **Paladilhe.** — *Patrie.* — Ballet.

poco crese
p rf:
f
8
0 0 0 0 0 0
0 0 0 0 0 0

CHAPITRE VIII

L'ORCHESTRE EN GÉNÉRAL

Le système qu'ont adopté aujourd'hui presque tous les compositeurs pour la disposition de leurs partitions consiste à réunir les instruments par groupes de même famille, en procédant de l'aigu au grave.

Voici en regard l'ordonnance la plus usitée dans les partitions modernes.

On trouve dans beaucoup de partitions une partie de grande flûte sur la première portée et la partie de petite flûte à la portée immédiatement inférieure. Cette disposition tient à ce que dans les orchestres où l'on n'a que deux flûtes, on emploie généralement le deuxième flûtiste à jouer alternativement la partie de petite flûte et celle de la deuxième grande flûte.

Lorsqu'on écrit une partie de cor anglais, on la place sur la portée qui vient immédiatement au-dessous de celle du hautbois, entre ce dernier et la clarinette.

De même la clarinette-basse, s'il y a lieu, trouvera sa place sur la portée immédiatement inférieure à celle de la clarinette ordinaire.

S'il y a lieu d'employer un contrebasson, on écrira sa partie sur la portée immédiatement inférieure à celle du basson.

Les cors se placent généralement au-dessus des trompettes et des cornets à pistons, quoique leur registre soit plus grave que celui de ces instruments; mais leur sonorité, qui s'allie tantôt aux bois, tantôt aux cuivres, leur a fait prendre rang entre les deux groupes.

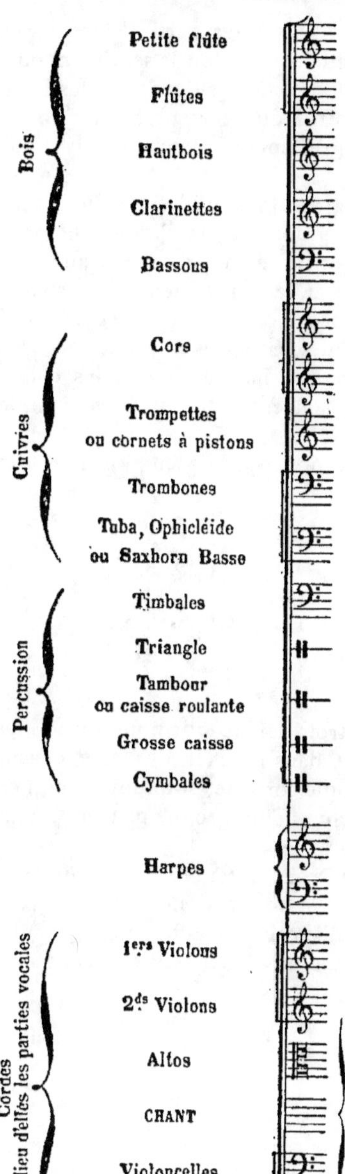

Le chant se place généralement ici, et prend le nombre de portées nécessaires aux parties vocales.

La façon de disposer les parties dans un passage à grand orchestre diffère tellement, selon le sentiment du compositeur, qu'il est difficile de donner à ce sujet des règles bien précises. Chaque maître a, pour ainsi dire, son orchestration à lui, à laquelle on peut le reconnaître, comme on reconnaît certains peintres à leur coloris.

On peut dire, toutefois, qu'il faut éviter de laisser dans la masse instrumentale de grands écarts d'intervalle lorsque d'autres parties se trouvent au contraire rapprochées : que l'intervalle de quarte, s'il n'est justifié par le mouvement des parties, donne le plus souvent une mauvaise sonorité dans les accords parfaits plaqués, lorsqu'il est isolé d'une des autres notes de l'accord : qu'il faut encore éviter de trop rapprocher les intervalles dans le registre grave, comme on le fait souvent et sans inconvénient pour la main gauche du piano.

Il ne faudra donc jamais employer la disposition suivante

qui contient les trois défauts que nous venons de signaler.

Ajoutons que, dans les effets de masse, chacun des groupes doit avoir une harmonie correcte, suffisante, sinon complète, et que les lacunes harmoniques d'un groupe peuvent rarement être comblées par un autre groupe.

M. Ebenezer Prout, auteur d'un très intéressant Traité d'instrumentation publié à Londres en langue anglaise, a réuni dans un exemple douze dispositions différentes du seul accord d'*ut,* tirées de partitions de maîtres célèbres. Voici cet exemple :

Ex. n° 57.

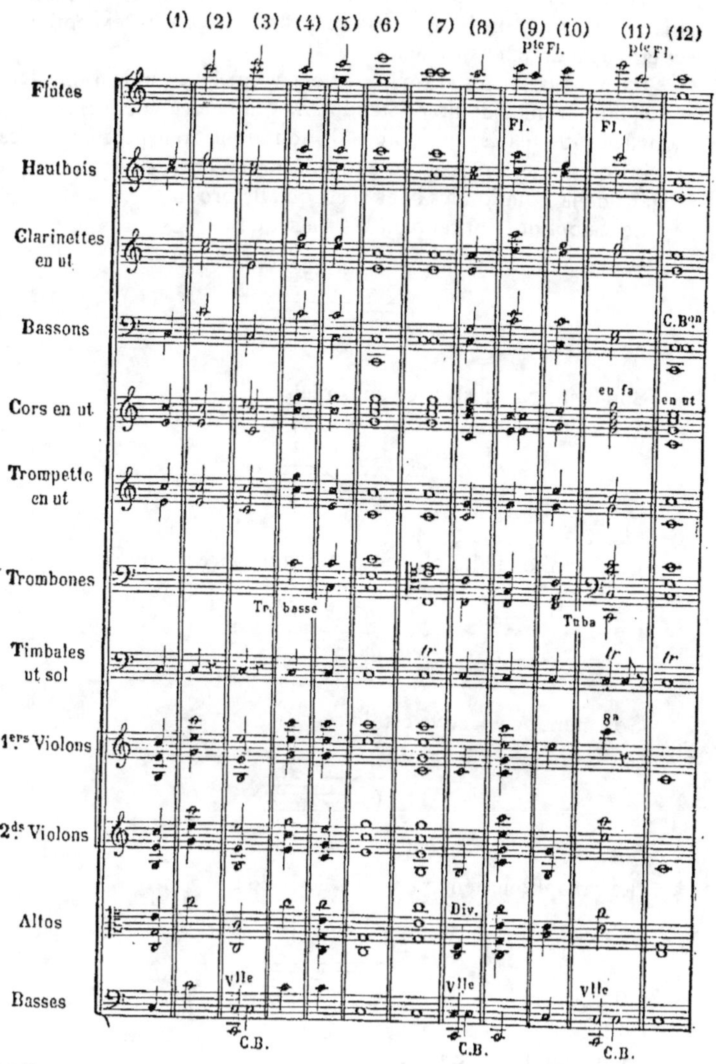

(1) HAYDN. . . 2ᵉ Messe.	(7) MENDELSSOHN. Ouverture de *Ruy Blas.*
(2) MOZART. . . *La Clémence de Titus.*	(8) ROSSINI. . . . *Stabat Mater.*
(3) BEETHOVEN. Ouverture, op. 115.	(9) AUBER . . . . *Masaniello.*
(4) CHÉRUBINI. . *Faniska.*	(10) MEYERBEER. . *Les Huguenots.*
(5) SCHUBERT. . Symphonie en *ut.*	(11) WAGNER . . . *Les Maîtres chanteurs.*
(6) WEBER. . . *Freischütz.*	(12) BRAHMS. . . . Symphonie en *ut mineur.*

Les compositeurs ont quelquefois introduit à l'orchestre des instruments autres que ceux que nous venons de voir; mais ces instruments n'y ont figuré jusqu'à présent qu'à titre exceptionnel, et en vue d'un effet spécial.

Parmi ceux-ci les saxophones occupent le premier rang. Nous nous bornerons à donner l'étendue de ceux de ces instruments qui sont les plus usités, et comme ils sont tous transpositeurs, c'est-à-dire qu'ils ne font pas entendre la note écrite, nous mettons en regard de la notation les sons réels qu'elle produit.

Le saxophone soprano en *si* ♭ s'écrit de :

Son étendue effective en sons réels est de :

Le saxophone alto ou contralto en *mi* ♭ s'écrit de :

Son étendue effective est de :

Le saxophone ténor en *si* ♭ s'écrit de :

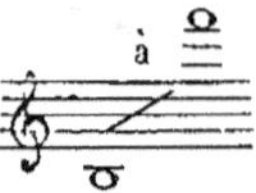

Son étendue effective est de :

Le saxophone baryton en *mi* ♭ s'écrit de :

Son étendue effective est de :

Ces instruments possèdent dans toute leur étendue tous les degrés de la gamme chromatique.

Dans sa partition de l'*Arlésienne*, Bizet a employé d'une façon très heureuse le saxophone alto ou contralto en *mi* ♭.

Ex. n° 58. **Bizet. — *L'Arlésienne*. —** Prélude.

Nous avons cru inutile de donner, dans la première partie de cet ouvrage, une classification de l'étendue des divers instruments en registre grave, moyen aigu et suraigu. Cette classification nous paraît trop bien indiquée par le sens des termes employés, pour qu'il soit nécessaire d'en donner un tableau.

Disons pourtant qu'il est important de tenir compte de la place que les mêmes sons peuvent occuper sur l'échelle de différents instruments. Ainsi les sons suivants :

exécutés sur la flûte ou sur le violon auront sur ces instruments une sonorité de registre grave, tandis que les mêmes sons produits par le violoncelle ou le basson auront au contraire une sonorité de registre plus élevé.

Les doublements de parties à une ou plusieurs octaves, et les unissons entre des parties différentes, loin d'être évités comme on le fait dans l'écriture sévère à un nombre de parties limité, sont au contraire d'un usage fréquent à l'orchestre. Ils doivent même être recherchés lorsqu'on veut une sonorité riche et pleine.

L'exemple suivant est écrit en réalité à deux parties, mais ces deux parties sont redoublées à l'unisson et à plusieurs octaves.

Ex. n° 59.   **Bizet.** — *L'Arlésienne.* — Prélude.

f   pp
f   pp
f   pp
f   pp
f   pp
f   pp
p   cresc.   f
pp
f   pp
f   pp
f   pp
f   pp

cresc.
f.
cresc.
f.
cresc.
f.
cresc.
f.
cresc.
f.
cresc.
f.
p
cre _ scen _ do
f
cresc.
cresc.
f.
cresc.
f.
cresc.
f.
cresc.
f.

Par la fusion de timbres différents, mais pas trop étrangers les uns aux autres, on peut arriver, en renforçant un timbre dominant, à créer comme une sonorité d'instrument nouveau.

Dans le passage suivant, le timbre dominant des violoncelles est renforcé par le cor anglais, les cors, et plus loin par la clarinette.

Ex. nº 60.　　**Thomas (A.). — *Hamlet*. — Acte I.**

poco cresc.
Om _ bre ven_ge _ res _ se,   J'exau_ce_rai   ton voeu!
DIV.

Quoique la masse entière de l'orchestre soit le plus souvent usitée dans des effets de sonorité brillante, éclatante, cette masse peut aussi être employée dans des passages de caractères très différents.

M. Ambroise Thomas, dans les premières mesures de *Françoise de Rimini*, a donné à l'orchestre une sonorité sombre, d'un sentiment tragique, puissant, en écrivant tous les instruments dans leur registre grave ou moyen.

Ex. n° 61. **Thomas (A.).** — *Françoise de Rimini.* — Prologue.

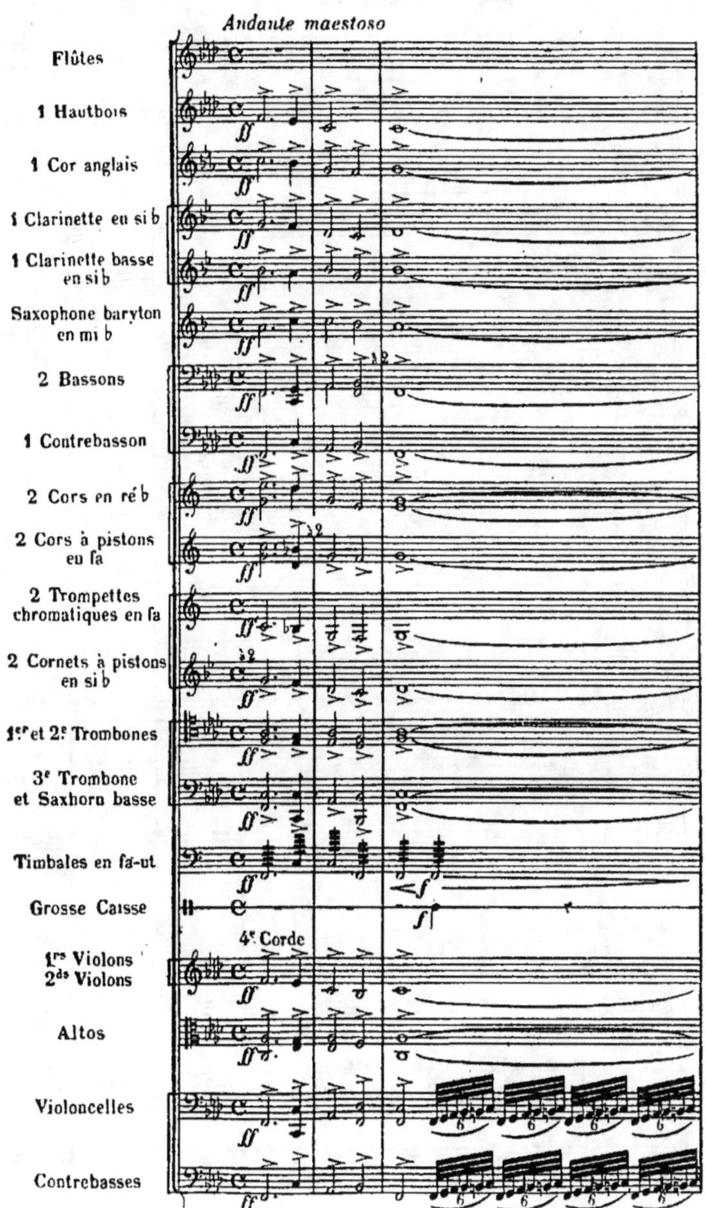

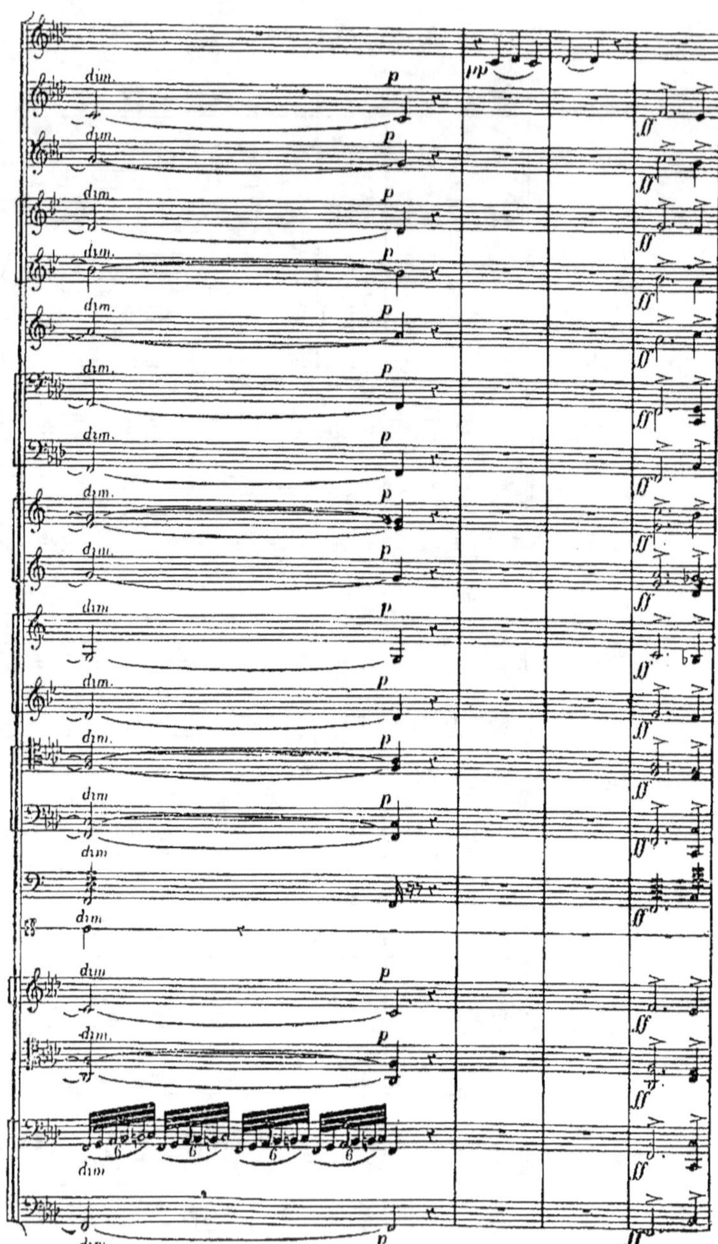

Rien de plus léger, de plus pimpant que ce passage d'Auber où tout l'orchestre est employé :

Ex. n° 62.   **Auber.** — *La Sirène.* — Ouverture.

Cette légèreté n'aurait pu être obtenue sans là grande quantité de silences et le petit nombre de longues valeurs. Les deux hautbois sont seuls à faire une tenue.

M. Verdi, dans le *Trouvère*, s'est servi de tout l'orchestre *pianissimo* pour accompagner une phrase presque entièrement écrite dans le médium de la voix de soprano. Grâce aux silences, à la brièveté des valeurs, à l'absence de tenues, aux notes sourdes employées à dessein presque partout, cette orchestration d'un caractère tragique, d'une sonorité pleine et *nourrie,* laisse la voix à découvert.

Ex. nº 63.   **Verdi.** — *Le Trouvère.* — Acte IV.

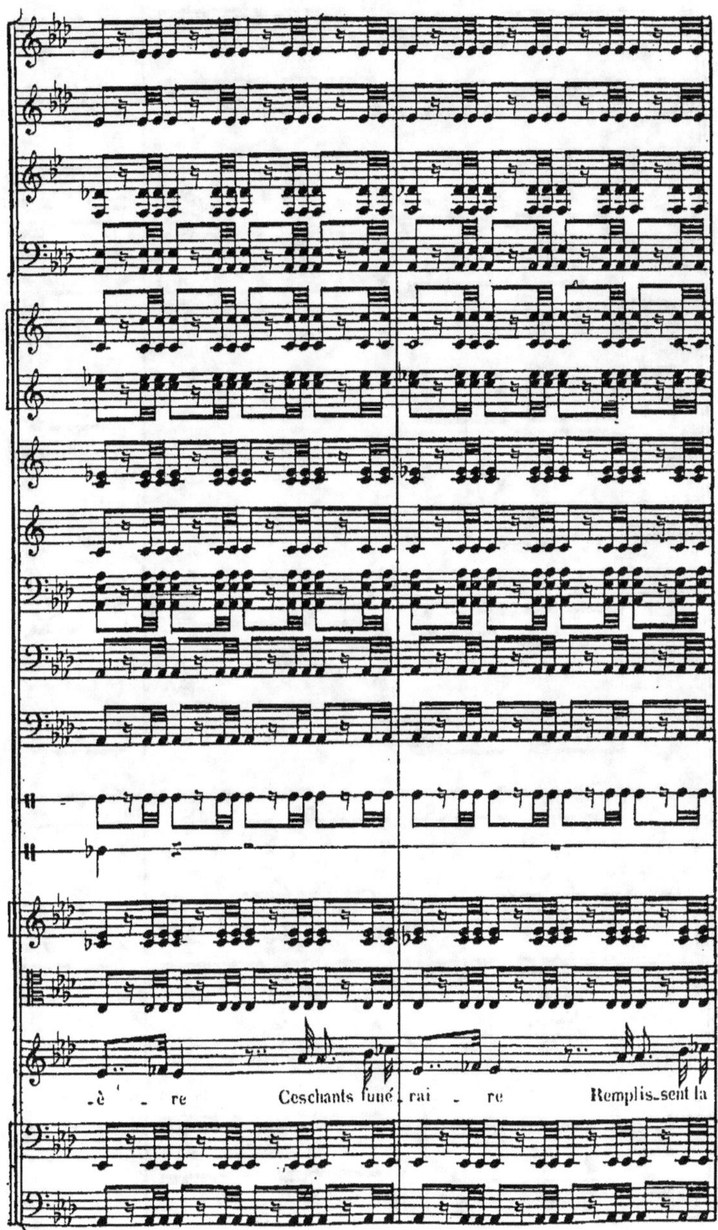
.è _ re Ceschants funé _ rai _ re Remplis _ sent la

ter _ re
De som _ bre ter _ reur

Le second violon joue toujours à l'orchestre un rôle secondaire à côté du premier violon. Les parties de seconde flûte, de second hautbois, etc., se trouvent dans la même situation vis-à-vis de la première partie de ces instruments. On peut être amené cependant à donner une phrase principale à une seconde partie soit de violons, soit d'instruments à vent, quand la première partie exécute au-dessus de cette phrase un autre dessin. Tel est le cas des seconds violons dans l'exemple suivant, où ils sont d'ailleurs renforcés par les instruments en bois.

Ex. nº 64.   **Wagner.** — *Tristan et Yseult.* — Acte II.

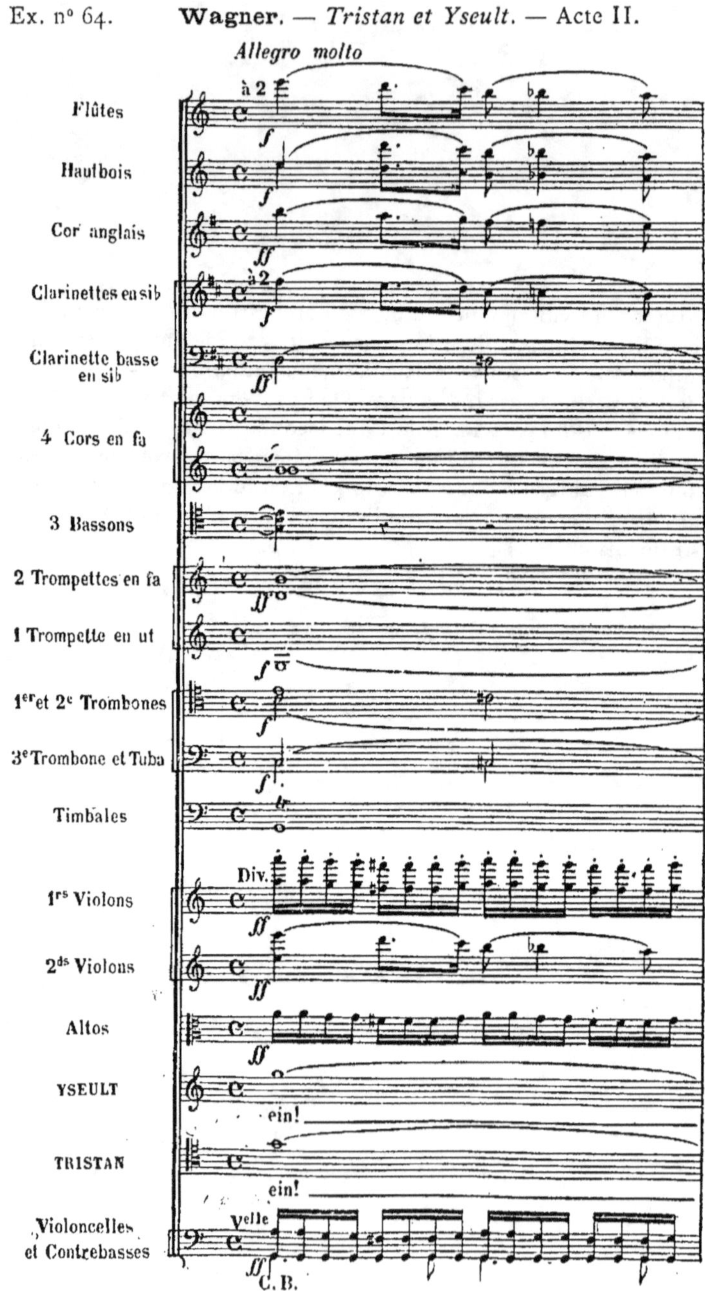

Wie lan - ge fern

La différence de timbre entre instruments dissemblables suffit à justifier des rencontres, des chocs de notes que l'on évite le plus souvent entre instruments de timbre semblable.

Ex. nº 65. **Beethoven**. — 5º *Symphonie*. — Allegro con brio.

Ex. n° 66. **Beethoven**. — 9ᵉ *Symphonie avec Chœurs*. — Adagio.

On remarquera dans les deux exemples précédents que ces rencontres de notes ont lieu avec des figures et des dessins rythmiques différents.

Quelquefois aussi la première et la seconde partie d'un instrument se confondent momentanément dans une seule partie. On a dû remarquer dans les exemples que nous avons donnés, l'indication assez fréquente de *à deux* aux instruments à vent. Ce doublement de parties devient plus rare, lorsqu'il s'agit d'une phrase mélodique, expressive, donnée à un instrument à vent.

M. Reyer a néanmoins fait, dans ces conditions, un heureux emploi de deux flûtes jouant à l'unisson.

Ex. n° 67.   **Reyer.** — *Sigurd.* — Acte IV.

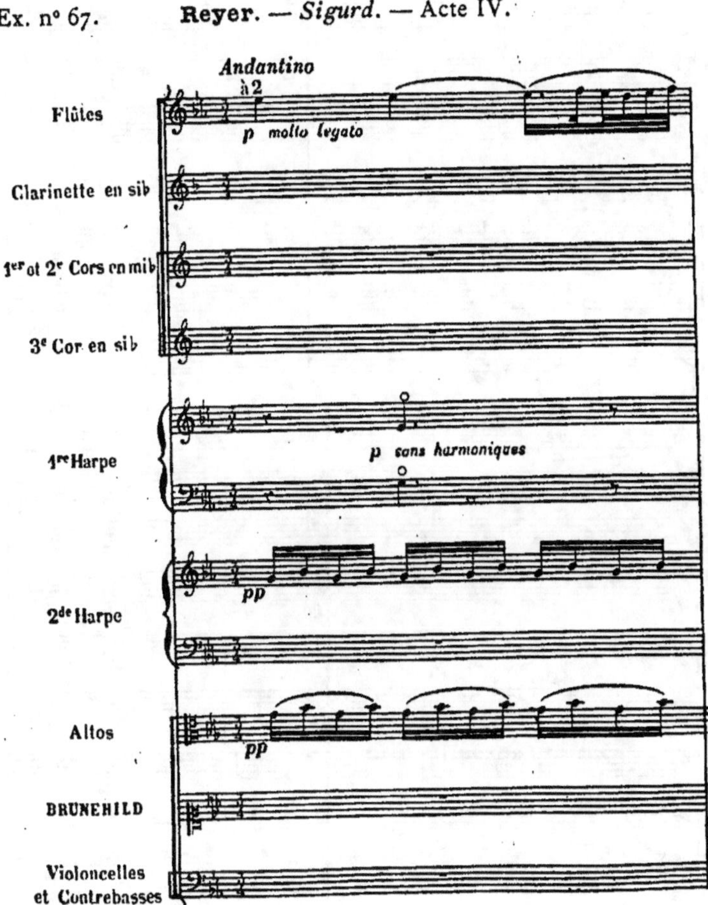

B.
Avec ces fleurs _____ que l'eau traine en cou_
B.
_rant A _ vec les

Nous dépasserions les limites et peut-être le but de cet ouvrage s'il nous fallait signaler les cas très différents entre eux où un nombre plus ou moins grand d'exécutants supplémentaires ou simplement détachés de l'orchestre forment un groupe instrumental isolé et éloigné du centre de l'exécution.

Cette particularité se rencontre plus rarement dans la musique d'église ou de concert, que dans la musique dramatique.

Au théâtre, les instruments employés dans ces conditions sont presque toujours placés derrière le décor, sauf la musique militaire que l'on place souvent sur la scène même. Cet éloignement de certains instruments sert à augmenter l'illusion du spectateur, et l'initie à une action qui se passe extérieurement, hors de sa vue.

On trouvera dans les partitions modernes d'assez nombreux exemples de ces dispositions, différant selon les exigences de la situation dramatique, et n'ayant de raison d'être que motivées par elle.

Au quatrième acte de *Sigurd,* des instruments placés derrière la scène font entendre comme un lugubre et tragique écho à l'exclamation du chœur : *Sigurd est mort !*

Ex. n° 68.   **Reyer**. — *Sigurd*. — Acte IV.

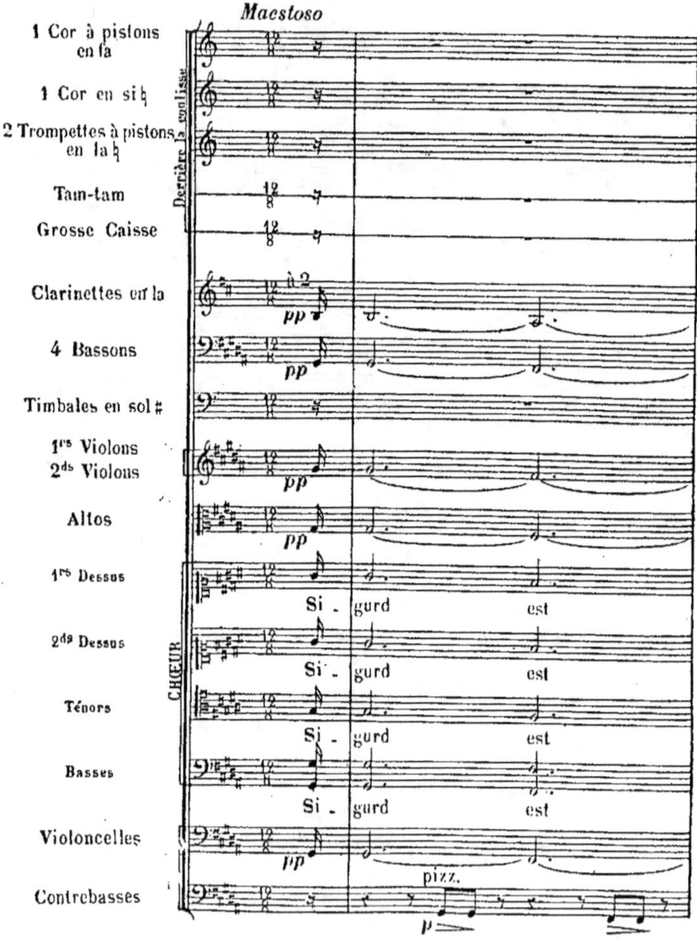

p
p
p
f
pp
f
pp
f
pp
(éponges)
pp
f
pp
f
mort
mort
mort
mort

L'orgue n'est pas compris au nombre des instruments dont la réunion forme l'orchestre, quoique l'on ait souvent associé l'un avec l'autre dans des compositions religieuses telles qu'oratorios, cantates, psaumes, etc. Bach, Hændel et les compositeurs de leur époque ou antérieurs à eux indiquaient généralement la partie d'orgue qu'ils ajoutaient à l'orchestre par une simple basse chiffrée, dont la réalisation était laissée au talent de l'organiste. Ces abréviations ont été abandonnées aujourd'hui, et depuis Beethoven, on a pris l'habitude d'écrire entièrement la partie d'orgue, dans les occasions un peu exceptionnelles où cet instrument vient se joindre à l'orchestre.

C'est dans *Zampa* d'Hérold que l'orgue fit sa première apparition au théâtre en 1831 ; quelques mois plus tard, Meyerbeer le faisait entendre au 5ᵉ acte de *Robert le Diable*. Souvent employé depuis lors dans les nombreuses scènes religieuses des œuvres dramatiques modernes, il n'a été utilisé dans l'orchestre symphonique que tout récemment par M. Saint-Saëns.

Ex. n° 69.   **Saint-Saëns.** — 3ᵉ *Symphonie.* — Adagio.

pp
pp

CHAPITRE IX

DE LA FAÇON DE DISPOSER L'ORCHESTRE
D'APRÈS UNE PARTIE DE PIANO

La conception orchestrale étant en général une des dernières qualités que l'on acquiert par l'étude, la plupart des jeunes compositeurs écrivent tout d'abord pour le piano, et avec des procédés plus ou moins particuliers à cet instrument, les compositions qu'ils destinent à *être orchestrées.*

Il est donc utile de les prémunir contre les erreurs auxquelles cette façon de procéder peut les exposer.

Telle disposition de notes, excellente au piano, serait détestable à l'orchestre. Le passage suivant va nous en offrir un exemple :

Le rapprochement des sons graves de la main gauche et la distance qui sépare les deux mains, produiraient à l'orchestre le plus mauvais effet. Il faudrait, pour un grand orchestre, disposer ce passage d'une façon analogue à celle-ci :

Ex. nº 70.

Flûtes
Hautbois
Clarinettes en si♭
Bassons
Cors en ut
Cors à pistons en fa
Cornets à pistons en si♭
Trompettes en fa chromatiques
Trombones
Basse-tuba
Timbales en ut-sol
Triangle
G. Caisse et Cymb.
1ᵉˢ Violons
2ᵈˢ Violons
Altos
Violoncelles
Contrebasses

On remarquera que les sons dans ce dernier exemple ne sont ni trop rapprochés les uns des autres (surtout dans le grave), ni trop distants.

Lorsque la main gauche du piano donnera un dessin d'accompagnement comme celui-ci :

il sera en général préférable de le disposer de la façon suivante :

Ex. nº 71.

ou bien encore :

Ex. nº 72.

Cette variante de la même formule d'accompagnement,

peut donner lieu à une autre disposition du quatuor auquel viendrait s'ajouter, si l'on veut, une tenue de cor.

Ex. n° 73.

Souvent un dessin d'accompagnement purement rythmique et sans intention mélodique peut gagner, même lorsqu'il est praticable à l'orchestre, à être rendu avec une disposition de notes autre que celles données par le piano.

Ainsi, le dessin de la main gauche dans ce passage

sera préférable au quatuor de cette manière :

Ex. n° 74.

Dans le passage suivant, le dessin de la main gauche serait impraticable dans un mouvement vif par les instruments graves de l'orchestre, et celui de la main droite produirait un très mauvais effet.

La harpe est le seul instrument à l'orchestre qui puisse exécuter ce passage tel qu'il est écrit; mais ses notes graves sont d'une sonorité tellement faible qu'elles ne pourraient être entendues dans un *Forte*, surtout avec l'adjonction d'autres instruments.

Nous proposerons alors d'orchestrer ce passage d'une façon analogue à celle-ci :

Ex. n° 75.

Voici comment Berlioz a rendu dans son orchestration de
l'*Invitation à la Valse* ce passage de piano de Weber :

en transposant tout le morceau pour lui donner une sonorité plus
brillante à l'orchestre.

Ex. n° 76.   **Berlioz.** — *Orchestration de l'Invitation à la Valse.*

pizz.
pp

à 2
8
pizz.
8
pizz.
pizz.

On sait que le trémolo serré sur une même note, facile et d'un excellent effet sur tous les instruments à archet, n'est pas praticable sur le piano, où le trémolo ne s'obtient que par l'alternance des notes.

Si l'on avait à orchestrer un passage de piano comme celui-ci :

on ferait bien, dans la plupart des cas, de se servir du procédé de trémolo particulier aux instruments à archet, et si l'on voulait une sonorité plus soutenue, plus nourrie, on pourrait faire appuyer le dessin des cordes par des instruments à vent.

Ex. n° 77.

Un même passage peut être orchestré de plusieurs façons très diverses, selon le timbre, l'accent, le coloris, l'intensité de sonorité, en un mot le caractère que veut lui donner le compositeur.

Ex. n° 78.

Même phrase instrumentée pour le quatuor seul :

Ex. n° 79.

Si l'on ne veut pas doubler les violoncelles à l'octave inférieure, on n'aura qu'à supprimer les contrebasses.

Même phrase instrumentée pour les bois seuls :

Ex. nº 80.

Les flûtes, qui ne font ici que des redoublements, peuvent être supprimées, si l'on veut.

Même phrase instrumentée pour les cuivres seuls :

Ex. nº 81.

Les trompettes, dont la première joue ici la partie principale, peuvent être remplacées par des cornets à pistons en *la* qu'il faudrait alors écrire ainsi :

Si l'on ne veut pas doubler à l'octave inférieure la basse que fait le 3° trombone, on n'aura qu'à supprimer la partie de basse-tuba.

Même phrase à grand orchestre :

Ex. n° 82.

Le redoublement de la première partie à l'octave supérieure et celui de la basse à l'octave inférieure servent ici à donner de la force et de l'éclat à la sonorité générale.

En maintenant exactement les éléments ci-dessus employés dans l'échelle de la partie de piano, point de départ de ces derniers exemples, on obtiendrait une sonorité lourde, épaisse, complètement dépourvue de brillant.

Chacune des versions qui précèdent est encore susceptible de beaucoup de transformations, soit par l'association d'instruments de deux groupes différents, soit par une autre disposition des parties ; mais nous avons cru inutile de multiplier ici des exemples dont nous avons donné les lignes principales.

Nous conseillerons seulement aux jeunes compositeurs qui voudront s'aider du piano dans leurs premiers essais d'orchestration de s'exercer (uniquement pour les besoins de leur éducation, bien entendu) à orchestrer, d'après un arrangement au piano, quelques morceaux de maîtres dont l'orchestration leur sera inconnue ; puis, en se procurant la partition de ces morceaux, de comparer attentivement leur orchestration avec celle du maître qu'ils auront choisi.

Ce travail de comparaison, intelligemment fait, peut être très profitable.

Il sera préférable, au début, de prendre des maîtres dont l'orchestration ne sera pas trop compliquée, trop touffue ; il ne faut pas, non plus, qu'elle soit trop primitive et trop peu en rapport avec l'orchestration moderne. Ceux que nous conseillerions de choisir pour ce travail, seraient : Haydn, Mozart, Beethoven, Weber, Rossini et Mendelssohn.

On a cherché, dans cet ouvrage, à donner un aperçu des principes généraux de l'art d'orchestrer. Mais, quels que soient les préceptes qu'on puisse formuler, les exemples de maîtres qu'on puisse citer, l'enseignement de l'orchestration restera lettre morte s'il n'est accompagné de nombreuses auditions et de fréquentes lectures.

Autant que possible, les jeunes compositeurs devront d'abord étudier à la lecture les œuvres qu'ils auront l'occasion d'entendre, ensuite, suivre la partition pendant cette audition et rapprocher les effets de l'exécution de l'idée qu'ils s'en étaient faite ; puis, repasser de nouveau la partition en s'aidant du souvenir de l'exécution.

Ceux pour lesquels la lecture des grandes partitions modernes offrirait trop de difficulté devront d'abord s'exercer à lire des quatuors pour instruments à cordes de Haydn, Mozart, et les premiers de Beethoven, plus faciles à lire que les derniers. Ils liront ensuite des partitions de Grétry ou de Monsigny, puis de Gluck, enfin de Mozart et de Beethoven, et arriveront ainsi graduellement aux partitions plus compliquées de notre époque.

APPENDICE

La physionomie de l'orchestre a tellement varié depuis les plus anciennes partitions dont nous ayons connaissance jusqu'à celles de notre époque, que nous avons cru intéressant, en terminant cet ouvrage, de reproduire quelques exemples des principales transformations accomplies dans un intervalle de près de trois cents ans.

Ex. nº 83.   **Monteverde** (1570-1649). — *Orphée.* — Toccata.

Ex. nº 83.   **Monteverde** (1570-1649). — *Orphée.* — Toccata.

RITOURNELLE

Les instruments employés dans ce morceau étaient en usage au
XVIe siècle, et sont maintenant tombés en désuétude.

Ex. nº 84. **Lully** (1633-1687). — *Psyché.* — Prologue.

Ex. nº 85. **Rameau** (1683-1764). — *Acanthe et Céphise.*
Ouverture.

rall.
tr
tr
tr
tr
tr

Ex. n° 86. **Mozart.** (1756-1791). — 7° *Symphonie en ré.*
Allegro assai.

Ex. nº 87. **Beethoven** (1772–1827). — 9ᵉ *Symphonie avec Chœurs.*
Final.

sempre ff
sempre ff
sempre ff
sempre ff
sempre ff
sempre ff
sempre ff

Ex. n° 88.   **Rossini** (1792-1868). — *Guillaume Tell.* Ouverture.

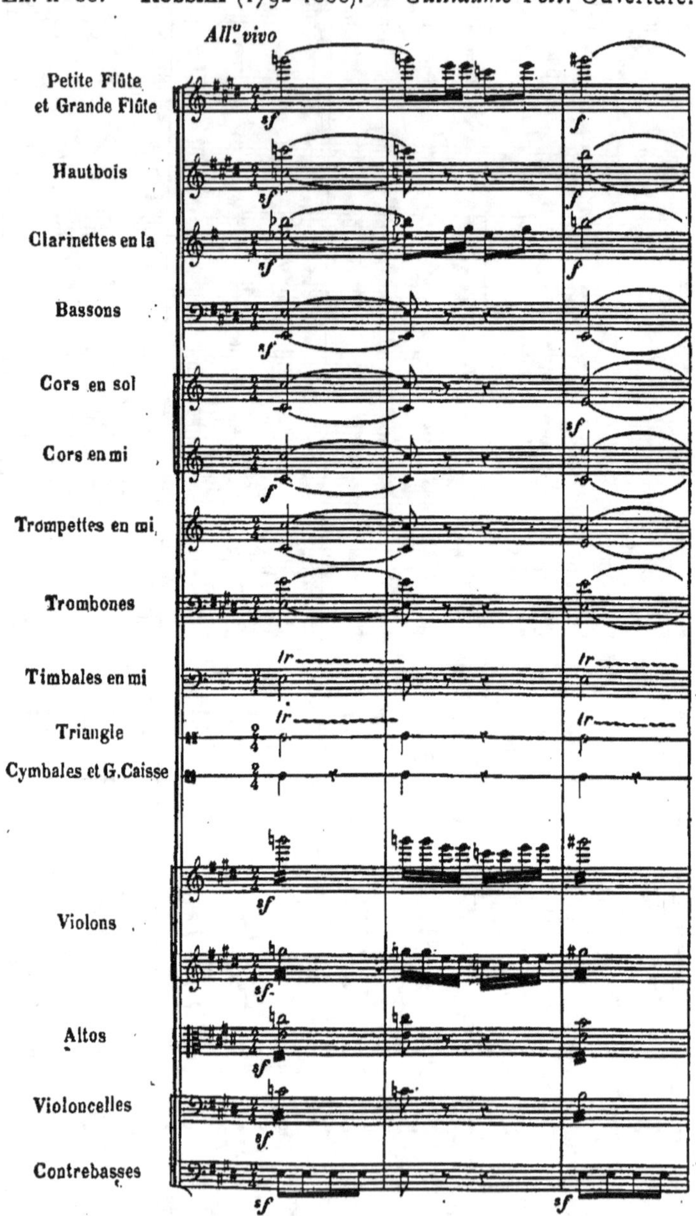

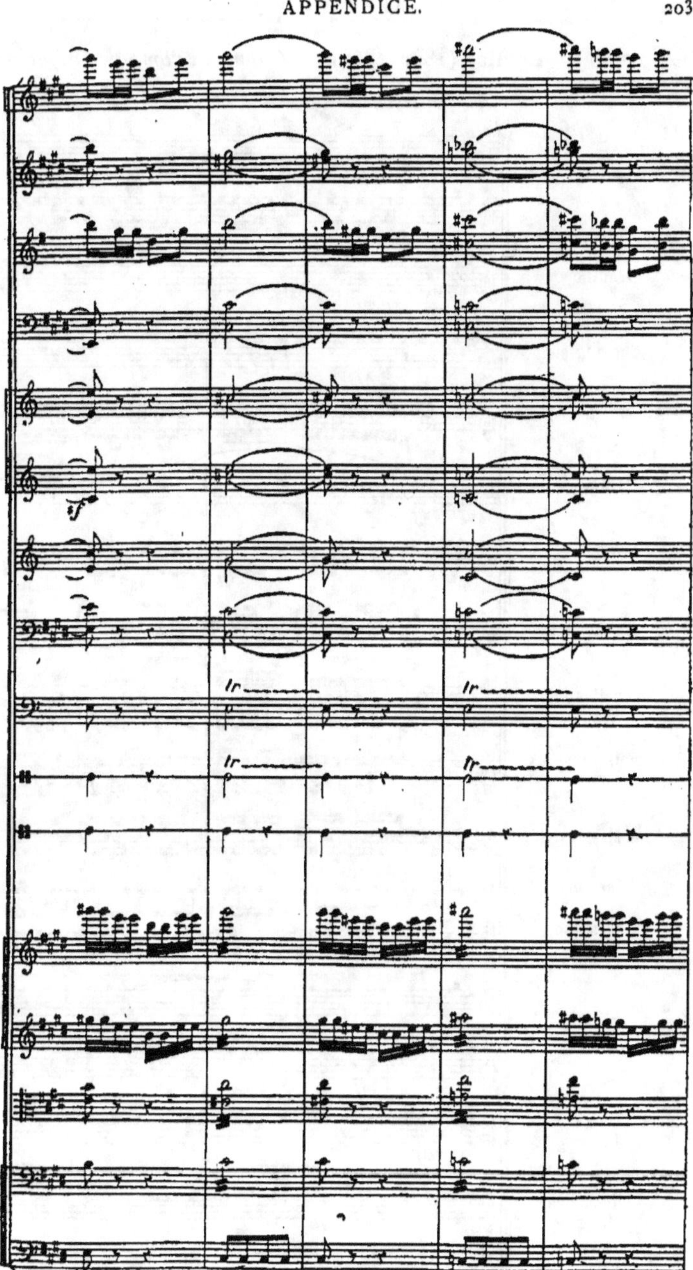

Ex. n° 89. **Berlioz** (1803-1869). — *Carnaval romain*. Ouverture.

poco cresc.

Ex. n° 90. **Wagner** (1813-1883). — *Le Crépuscule des Dieux.*
Acte III.

TABLE DES EXEMPLES

N. B. — Les numéros renvoient aux exemples, et non aux pages.

Numéros.

Auber	Le Dieu et la Bayadère	23
—	Le Domino Noir	14
—	Masaniello	57
—	La Sirène	62
Beethoven	Concerto pour piano en *mi* ♭	15
—	Ouverture d'*Éléonore* n° 1	16
—	Ouverture op. 115	57
—	Quatuor op. 131	17
—	5e Symphonie	4, 65
—	7e Symphonie	5
—	8e Symphonie	32
—	9e Symphonie avec chœurs	46, 66, 87
Berlioz	Damnation de Faust	42, 55
—	Harold en Italie	11
—	L'Enfance du Christ	34
—	L'Invitation à la Valse de Weber	76
—	Ouverture du *Carnaval romain*	89
Bizet	L'Arlésienne	58, 59
Brahms	Symphonie en *ut* mineur	57
Chérubini	Faniska	57
Delibes	Lakmé	38
—	Sylvia	2
Gevaert	Quentin Durward	22
Gluck	Iphigénie en Tauride	13
Gounod	Faust	8, 26
Halévy	La Juive	35
—	La Reine de Chypre	29
Haydn	Les Saisons	28
—	2e Messe	57
Hérold	Le Pré aux Clercs	3, 10
—	Zampa	25

Numéros.

Joncières....	*Dimitri.*....	54
Lalo.......	*Le Roi d'Ys.*....	39
—	Symphonie espagnole....	53
Lully......	*Psyché.*....	84
Massenet....	*Esclarmonde.*....	51
—	*Les Erinnyes.*....	12
Méhul......	*Joseph.*....	36
Mendelssohn..	Ouverture de *Ruy Blas.*....	57
—	Symphonie Cantate....	30
—	Symphonie italienne....	33
—	Symphonie *La Réformation.*....	19
Meyerbeer....	*L'Africaine.*....	40, 52
—	*Les Huguenots.*....	45, 57
—	*Le Prophète.*....	21
—	*Robert le Diable.*....	20
Monteverde..	*Orphée.*....	83
Mozart.....	*Don Juan.*....	50
—	*La Clémence de Titus.*....	57
—	3ᵉ Symphonie....	24
—	7ᵉ Symphonie....	86
—	8ᵉ Symphonie....	1
Paladilhe...	*Patrie.*....	56
Rameau.....	*Acanthe et Céphise.*....	85
Reyer......	*Sigurd.*....	67, 68
Rossini.....	*Guillaume Tell.*....	31, 88
—	*Le comte Ory.*....	47
—	*Le Siège de Corinthe.*....	48
—	*Stabat Mater.*....	57
Saint-Saëns..	*Henry VIII.*....	7
—	*Phaéton.*....	43
—	3ᵉ Symphonie....	69
Schubert....	Symphonie en *ut.*....	57
Thomas (A.)...	*Françoise de Rimini.*....	61
—	*Hamlet.*....	60
Verdi......	*Le Trouvère.*....	63
Wagner.....	*La Valkyrie.*....	9
—	*Le Crépuscule des Dieux.*....	90
—	*Les Maîtres chanteurs.*....	44, 57
—	*Lohengrin.*....	6
—	*Tannhäuser.*....	27, 41
—	*Tristan et Yseult.*....	64
Weber......	*Freischütz.*....	49, 57
—	*Obéron.*....	37

IMPRIMÉ

PAR

GEORGES CHAMEROT

19, RUE DES SAINTS-PÈRES, 19

PARIS

Typ. G. Chamerot. — 26585

9 782019 992163